BUDISMO
Buda y su enseñanza

SEBASTIÁN VÁZQUEZ

www.buda.guia-burros.com

© EDITATUM

© SEBASTIÁN VÁZQUEZ

Queda prohibida, salvo excepción prevista en la ley, cualquier forma de reproducción, distribución, comunicación pública y transformación de esta obra sin contar con la autorización de los titulares de propiedad intelectual. La infracción de los derechos mencionados puede ser constitutiva de delito contra la propiedad intelectual (art. 270 y siguientes del Código Penal). El Centro Español de Derechos Reprográficos (CEDRO) vela por el respeto de los citados derechos.

En la redacción del presente libro mencionamos logotipos, nombres comerciales y marcas de ciertas empresas u organizaciones, cuyos derechos pertenecen a sus respectivos dueños. Este uso se hace en virtud del Artículo 37 de la actual Ley 17/2001, de 7 de diciembre, de Marcas, sin que esta utilización suponga relación alguna del presente libro con las mencionadas marcas ni con sus legítimos propietarios. En ningún caso estas menciones deben ser consideradas como recomendación, distribución o patrocinio de los productos y/o servicios o, en general, contenidos titularidad de terceros.

Diseño de cubierta: © LOOKING4

Maquetación de interior: © EDITATUM

Primera edición: Octubre de 2018

ISBN: 978-84-949279-2-8

Depósito legal: M-31851-2018

IMPRESO EN ESPAÑA/ PRINTED IN SPAIN

Si después de leer este libro, lo ha considerado como útil e interesante, le agradeceríamos que hiciera sobre él una **reseña honesta en Amazon** y nos enviara un e-mail a **opiniones@guia-burros.com** para poder, desde la editorial, enviarle **como regalo otro libro de nuestra colección.**

Agradecimientos

Para Erika, Lucas y Lia, luces encarnadas, en agradecimiento por su existencia en mi vida.

Sobre el autor

Sebastián Vázquez lleva vinculado al mundo del libro desde hace más de treinta años y es un estudioso del pensamiento heterodoxo y de las religiones, especialmente de las orientales y la egipcia. Durante 20 años fue editor en Editorial EDAF de sus líneas de heterodoxia, salud natural y psicología humanista y fue director de Arca de Sabiduría, colección especializada en textos clásicos de las filosofías y religiones de Oriente. Ha colaborado en diversos medios de comunicación e imparte seminarios y conferencias regularmente.

Es autor de varios libros como *La Presencia de Dios*; *El tarot y los dioses egipcios*; *Enseñanzas de la Tradición Original*; *Management Humano*; *Guíaburros: La salud emocional en tu empresa*, *Guíaburros Rutas por lugares míticos y sagrados de España* y coautor de *Los 120 mejores cuentos de la tradición espiritual de Oriente*, *Los mejores cuentos de las tradiciones de Oriente* y *Rutas Sagradas*. Ha publicado las novelas *Por qué en tu nombre* y *El karma del inspector González*.

Desde hace diez años organiza viajes por España. Especialmente viaja a Egipto con pequeños grupos interesados en profundizar en el conocimiento de esta cultura a la par que imparte un curso *in situ*.

Índice

Felicidad hasta que...	11
Quién fue Shiddarta Gautama	17
Conceptos clave para entender el budismo	31
La enseñanza budista	47
La naturaleza reactiva del ser humano	57
El budismo zen	67
La paz interior y el sosiego de la mente	73
Mejorar la relación con uno mismo	83
Mejorar la relación con los demás	101
Dos prácticas fundamentales	111
Epílogo	121
Texto de *El Sutra del corazón*	126

Felicidad hasta que...

Un maestro zen impartió una vez enseñanza sobre la felicidad condicionada o llamada *felicidad hasta que*. Hizo escribir a los asistentes cuáles eran los condicionantes de la felicidad de cada uno. Dos personas no tuvieron inconveniente de leerlos en alto. Uno dijo que no se sentiría feliz hasta que no encontrase un trabajo acorde a lo que había estudiado; la otra señaló que no lo sería hasta que no encontrase pareja. El primero confesó que se sentía incompetente, que a veces pensaba que había perdido el tiempo estudiando y sumaba por ello otra gran cantidad de sentimientos negativos hacia sí mismo. La otra persona se consideraba como una inválida emocional y le hacía daño la soledad en la que se hallaba.

Un año después el maestro zen volvió a otra sesión de meditación y allí estaban de nuevo esas dos personas, a las que preguntó cómo había cambiado su vida. La primera había encontrado un trabajo de acuerdo a sus estudios, pero no era feliz, era solo *un poco más feliz*; las muchas horas que le exigía el trabajo le dejaban muy poco tiempo para disfrutar de la vida y además se sentía injustamente remunerada. La otra ahora tenía pareja y tampoco se sentía feliz del todo. Discutían a menudo, la convivencia la ponía a prueba casi a cada instante, no estaba segura de que su actual pareja fuese la persona idónea para ella y había momentos en que echaba de menos la calma de su soledad. Como despedida, el maestro volvió a enseñar que ni la felicidad ni la paz se alcanzan mientras haya *hasta que*, teniendo además presente que a mayor cantidad de *hasta que* menor sensación de felicidad. Si añadimos que a veces nos da por poner los *hasta que* en los demás, entonces ya la situación se torna especialmente compleja. Una mujer reveló que se había dado cuenta de que tenía una porción de su felicidad condicionada *hasta que* su hija se casase. Pensaba que su hija se estaba convirtiendo en una solterona antipática y su mayor ilusión era verla con un príncipe azul que la llevara al altar y que le proporcionara nietos regordetes y sonrosados. Se dio cuenta de que había puesto su felicidad en manos de su hija y en una situación en la que únicamente podía ser espectadora. Al igual que existe *hasta que* algo empiece, como encontrar un trabajo o una relación, también hay *hasta que* algo acabe. Un hombre narró que su felicidad estaba condicionada *hasta que* no acabase un pleito en el que estaba envuelto. Son solo algunos ejemplos; todos tenemos nuestro propio catálogo de *hasta que*.

Y esto ocurre porque nos solemos olvidar del aquí y el ahora; de lo que tenemos o cómo nos encontramos en el aquí y ahora. Pero la mente prefiere el *hasta que*.

A la mente le cuesta un esfuerzo enorme estar en el presente, como decían los antiguos, alcanzar *la presencia*.

A la mente le gusta o estar en el recuerdo del pasado o ideando y planificando cosas para el futuro, todo vale con tal de no estar en el presente.

El señor Buda enseñó que **no hay otra felicidad que la paz interior** y para ello hay que intentar que la mente y sus *hasta que* no nos dominen. Pero la mente utiliza también otros trucos que nos impiden alcanzar la paz interior; no importa, este libro va a tratar de ayudarlo.

La realidad es que la felicidad es un estado interior que viene de dentro, no de fuera. Fuera están los escenarios más o menos condicionantes de dicha felicidad. Pero cuanta más cuota de felicidad se ponga fuera, en los escenarios, más esclava será una persona de esos escenarios condicionantes. Cuanta más felicidad dependa de nuestro estado interior menos dependientes seremos de lo externo. En suma, ser más felices implica ser más libres. Y ese logro de felicidad interior depende, sobre todo, de nuestra mente. Gracias a Dios, el señor Buda nos dejó muchas y buenas herramientas para trabajar sobre nosotros mismos.

Vamos a conocerlas y a utilizarlas de un modo fácil y eficaz. Además, vamos a hacer una pequeña inmersión en la hermosa y contundente enseñanza ética y espiritual del budismo.

Veremos que Buda comienza toda su enseñanza y aportación abordando lo que, tal vez, sea aquello más importante en la vida de un ser humano: el sufrimiento. Un sufrimiento que nace, básicamente, de la mente, de su naturaleza dual que se mueve entre el deseo y el rechazo. Pero también nos muestra la vía para superar ese sufrimiento.

El budismo se centra en el hombre. Se centra en el propio individuo y en sus propias capacidades de mejora, crecimiento, conquista de una paz y felicidad superiores y, al final, en el logro de la iluminación.

Buda pone la mirada en el hombre y su mente. Primero se trata de prestar la atención a nuestra mente y sus contenidos, después hay que trabajar con ella, solo a continuación aparece la paz interior y, así, cada vez más, la felicidad depende en mucha menor medida de lo externo y empezamos nosotros mismos a *ser* la fuente de la felicidad. Más allá se encuentran los estados que nos conectan profundamente con lo trascendente. No es algo dogmático, no se precisan condiciones especiales para su práctica, su mensaje es susceptible de ser experimentado. Es la gran revolución.

Pero antes he de advertir que este no es un libro erudito. Hay muchos y buenos libros que hablan de la historia del budismo y que muestran estupendamente las diferencias entre unas y otras escuelas de budismo, o que matizan unos y otros aspectos sutiles de la enseñanza, aunque todo lo que ustedes leerán está tomado y basado en las escrituras tradicionales budistas.

Este libro trata de mostrar que la enseñanza práctica de uno de los personajes más importantes de la historia de la humanidad es actual, útil y eficaz para abordar muchos de los problemas existenciales que ahogan al ser humano occidental del siglo xxI. Asimismo he procurado ofrecer la información necesaria, sobre todo en lo relativo a la enseñanza, para que cualquier lector pueda hacerse una idea cabal sobre qué es el budismo.

En la primera parte se extracta la enseñanza budista tomada de los textos clásicos. Antes he incluido una semblanza biográfica de Buda y un resumen en forma de diccionario de conceptos claves del budismo. La segunda parte consta de prácticas y ejercicios sencillos, aunque a veces no fáciles, para implementarlos en la vida cotidiana. Si la primera parte le resulta más intelectual o tediosa, o si es la primera vez que usted se acerca al budismo, pruebe a saltarse esa parte e ir directamente a la que sigue, aunque creo que es importante que usted haga todo el recorrido propuesto en estas páginas.

Buda nos dejó una serie de mensajes claros y contundentes que podemos resumir así:

— El dolor es inevitable; el sufrimiento es opcional.
— El ser humano sufre.
— El sufrimiento pertenece a la mente.
— Es posible liberarse del sufrimiento.
— Es posible hallar la paz y la felicidad.
— Hay medios para lograrlo.
— Es posible alcanzar la iluminación que conduce a la liberación.
— Es posible alcanzar la liberación de la rueda de los renacimientos.

Desde luego, no es poco, así que bienvenidos y vamos a ello.

> *i* Todo lo que está en **negrita** a lo largo del libro corresponde a palabras de Buda extraídas de las fuentes clásicas escritas.

✎ *Mantente indiferente ante la ganancia y la pérdida, ante la victoria y la derrota.*

BUDA

Quién fue Shiddarta Gautama

Es necesario empezar dando unos breves apuntes biográficos sobre el Iluminado o el Despierto, pues esto es lo que literalmente significa el sobrenombre de Buda. Adentrándonos brevemente en su vida nos será más fácil comprender su enorme aportación y enseñanzas.

Lo más probable es que Buda naciera sobre el 566 antes de nuestra era en una pequeña ciudad del actual Nepal, dentro del clan de los Shakya. Su padre era el soberano del pequeño reino vinculado a ese clan, y su madre, Maya, al nacer le puso el nombre de *Shiddarta Gautama*. El primer nombre puede traducirse como algo parecido a «lugar de perfección»; respecto al nombre de Gautama hacía referencia a un sabio del pasado que había pertenecido al clan.

Obviamente las leyendas no podían permanecer ajenas al nacimiento de tan singular personaje, pero es mejor que vayamos directamente a la fuente del *Canon Pali*. El pali era la lengua de Buda, y este canon está compuesto por tres grandes colecciones de textos considerados la mayor, original y más fiable fuente de enseñanza budista. Este canon se llama *Tipitaka* o «Las tres cestas». La primera cesta es la que contiene las normas de disciplina destinada sobre todo a los monjes, se llama *Vinaya Pi-*

taka; la otra cesta contiene los sermones y relatos, y su nombre es *Sutta Pitaka,* y la última cesta contiene la enseñanza de índole filosófica, y se llama *Abhidharma Pitaka.*

Ahora vamos a reproducir unos textos del *Sutta Pitaka* para adentrarnos en la leyenda. El primero cuenta el sueño de la reina Maya respecto a cómo es engendrado y el segundo narra el nacimiento del Iluminado. Además es un hermoso modo de disfrutar de la más pura tradición de los primeros textos budistas:

📖 EL SUEÑO DE LA REINA MAYA

A mediados del mes de *asalha* se inició en la ciudad de Kapilavvatu el festival de verano al que acudieron muchas personas. La reina Maya comenzó la celebración del festival siete días antes de la luna llena; lo hizo con el esplendor de guirnaldas y perfumes y sin tomar bebidas alcohólicas. El séptimo día se levantó muy temprano y, tras bañarse en agua perfumada, dar una generosa limosna, engalanarse profusamente y comer alimentos selectos, tomó los votos del día de ayuno y entró en la alcoba real, ricamente adornada. Al tumbarse en el lecho real se quedó dormida y tuvo este sueño: «Los cuatro Grandes Reyes, levantándola junto con la cama, la llevaron a la meseta Manosila, de sesenta leguas de extensión, y colocándola bajo un gran árbol de siete leguas de altura, se situaron a su lado. Entonces se acercaron las reinas y la llevaron al lago Anotatta, la bañaron para eliminar la mancha humana, la vistieron con ropajes divinos, la ungieron con perfumes y la engalanaron con flores maravillosas.

No lejos de allí está la Montaña de Plata y en su cima un palacio de oro, donde prepararon un lecho divino con la cabecera dirigida al este. Entonces Bodhisatta se convirtió en un elefante blanco. No lejos de allí está la Montaña de Oro, y el Bodhisatta fue a su cima, descendió desde ella, ascendió a la Montaña de Plata, llegando desde el norte, y en su trompa, como una cadena de plata, llevaba un loto blanco. Trompeteó, entró en el palacio dorado, rodeó por la derecha tres veces el lecho, golpeó su costado derecho y pareció entrar en su vientre. Así fue como recibió una nueva existencia al final del festival que se celebra a mitad de verano».

Al despertarse la reina al día siguiente, le contó el sueño al rey, quien convocó a sesenta y cuatro brahmines famosos, hizo cubrir la tierra con flores de las que se usan en las fiestas, preparó asientos magníficos, llenó los cuencos de oro y plata de los brahmines allí sentados con un manjar hecho de ghee, miel, azúcar y arroz de la mejor calidad, y se les sirvió cubiertos con tapaderas de oro y plata. También los agasajó con otros regalos tales como ropas nuevas y ganado. Cuando todos ellos se habían deleitado con aquellos placeres, les relató el sueño. «¿Qué sucederá?», les preguntó. Los brahmines dijeron: «Rey, no te angusties. La reina ha concebido y tendrá un varón, no una hembra. Tendrás un hijo y, si vive una vida de familia, será un monarca universal. Si abandona su casa y renuncia al mundo será un Buda, un dispersor de la ilusión en el mundo».

📖 EL NACIMIENTO DE GAUTAMA

La reina Maya, llevando al Bodhisatta como aceite en un vaso durante diez meses lunares, cuando se acercó el momento del parto, deseó ir a casa de su familia y se dirigió así al rey Suddhodana: «Majestad, deseo ir a Devadaha, la ciudad de mi gente».

«Bien», respondió el rey, e hizo que allanasen el camino que iba de Kapilavatthu a Devadaha, que lo adornasen con macetas de llantén, banderas y estandartes; acomodó a la reina en un palanquín de oro llevado por mil cortesanos y la puso en camino con una gran comitiva. Entre las dos ciudades, y perteneciente a los habitantes de ambas, hay un bosquecillo conocido como el Parque de Lumbini. Todo el bosque, desde las raíces hasta las copas, estaba en aquel momento en flor, y entre sus ramas y flores había innumerables abejas de los cinco colores y bandadas de aves diversas que cantaban dulcemente. El Parque de Lumbini se asemejaba al Cittalata, el parque celestial, o a un pabellón de banquetes engalanado para un rey poderoso.

Cuando la reina lo vio, surgió en su corazón el deseo de solazarse en él. Los cortesanos alzaron a la reina y entraron en la arboleda. Llegó a los pies de un árbol magnífico y deseó tocar una rama. Esta se inclinó como la punta de un flexible junco y se puso al alcance de la reina. Ella alargó la mano y tomó la rama. En ese momento se estremeció con los dolores del parto. La multitud tendió una cortina alrededor de ella y se retiró. Sujetándose de la rama y poniéndose en pie, dio a luz. En aquel instante los cuatro Mahabrahmas (habitantes del cielode Brahma), de mente pura, llegaron con una red de oro, recibieron al Bodhisatta en la red de oro y lo pusieron ante su madre, diciendo: «Regocíjate, ¡oh reina! Os ha nacido un rey poderoso». Y a diferencia de otros seres que nacen con máculas e impurezas desagradables, no fue así el nacimiento de Bodhisatta. El Bodhisatta, como predicador de la doctrina descendiendo del sitial de la doctrina, como hombre descendiendo las escaleras, erguido, estirados sus pies y sus manos, impoluto, inmaculado y libre de cualquier impureza de la estancia en el vientre hasta su nacimiento, como una joya sobre un lienzo de Benarés, así de brillante descendió de su madre. Dos aguaceros cayeron del cielo en honor del Bodhisatta y de su madre, y celebraron la ceremonia habitual sobre los cuerpos de los dos. Luego, de las manos de los Brahmas, que lo habían sostenido y colocado sobre una red de oro, lo recibieron los Cuatro Grandes Reyes sobre un manto ceremonial de piel de antílope, suave al tacto, y de estas manos lo recibieron los seres humanos sobre un cojín de seda; cuando fue soltado de las manos de los seres humanos se irguió sobre la tierra y miró hacia el cuadrante oriental. Los dioses y los hombres le rindieron culto con guirnaldas perfumadas y dijeron: «Gran Ser, no existe nadie como tú, y mucho menos superior en ninguna parte». Él, tras examinar los cuatro cuadrantes, los cuadrantes intermedios, el nadir y el cenit, los diez cuadrantes, no viendo a nadie como él, dijo: «Este es el cuadrante supremo», y dio siete pasos. Mientras Mahabrahma sostenía una sombrilla blanca sobre él, y Suyama un abanico, y otras divinidades seguían portando en sus manos otros símbolos de la realeza, se detuvo en el séptimo paso y alzando su voz señorial lanzó su rugido de león diciendo: «Soy el príncipe del mundo».

Hemos visto que la leyenda cuenta que su padre recibió la profecía de un sabio en la que le advertía de que su hijo no le sucedería en el trono de su clan, pero que sería alguien grande para la humanidad. Ante esta situación, y resuelto a que su hijo lo sucediese en el trono, decidió que este estuviese apartado del mundo y viviese rodeado de lujos de tal modo que no precisase nada más.

Casado a los dieciséis años con su prima y princesa Gopa Yasodana, tuvo un hijo al que llamó Rahula. Este nombre significa «obstáculo», ya que Shiddarta consideró que el apego a su hijo podría ser un obstáculo para la búsqueda espiritual que ya por entonces anhelaba. Efectivamente, ni la vida familiar, ni los lujos y placeres, ni la caza, ni el entrenamiento con las armas o el manejo del carro, llenaban su existencia. Un día decide salir fuera de palacio acompañado de su cochero. La tradición habla entonces de los cuatro famosos encuentros que provocaron su decisión de abandonarlo todo; se encontró con un enfermo, un viejo, un cadáver y un renunciante.

Shiddarta deja su reino, abandona su mundo, deja atrás lujos y familia, y con veintinueve años inicia una errática búsqueda optando por la renuncia y el ascetismo. Se corta el cabello, viste una raída túnica, sigue la vida de un mendicante y así inicia una nueva vida cuyas consecuencias cambiarían el mundo. Se une a unos monjes errantes y con diferentes gurús se ejercita en diversas prácticas, hace largos ayunos y soporta privaciones, medita y medita, pero no alcanza aún a comprender; no halla respuestas. Lleva a cabo un ascetismo severo y riguroso que lo debilita al máximo. Una leyenda cuenta cómo escuchó un día a un músico explicar a su alumna que si la cuerda de su *sitar* estaba floja su sonido no sería bueno y que lo mismo ocurría si estaba demasiado tensa. Así, Buda comprendió que su ascetismo solo lo llevaría a la tumba y que la perfección estaba en el *camino del medio;* ni la blanda complacencia a lo sensorial ni la rigurosa severidad ascética. De este modo llega a un lugar llamado Bodhgaya y allí decide sentarse a meditar debajo del famoso árbol *bodhi*. Su intención es la de no levantarse hasta haber comprendido por qué el ser humano sufre. Semanas después Shiddarta se iluminó, tenía treinta y seis años cuando alcanzó el *nirvana*. Leamos de nuevo los textos clásicos:

> **Habiendo ingerido comida sólida y recuperado fuerzas, sin ningún deseo sensual o ideas nocivas, obtuve y moré en el primer trance, que va acompañado de razonamiento e ideación, surge del aislamiento y está lleno de alegría y gozo. Al cesar el razonamiento y la ideación, obtuve y**

moré en el segundo trance de serenidad interior, con la mente ftja en un punto, sin razonamiento ni ideación, que surge de la concentración y está lleno de alegría y gozo. Con ecuanimidad hacia la alegría y la aversión, moré atento y consciente y experimenté el placer corporal que los nobles describen como morar con ecuanimidad, atento, feliz, y obtuve y moré en el tercer trance. Al abandonar el placer y al abandonar el dolor, incluso antes de la desaparición de la exaltación y la depresión, obtuve y moré en el cuarto trance, que está exento de dolor y de placer, y que es pureza de la ecuanimidad y la atención.

Al salir de ese estado declaró:

Yo, sometido a nacimiento, envejecimiento, enfermedad, sufrimiento y muerte, y sabiendo lo que se cierne sobre lo que está sujeto a ello, y anhelando lo que no está sometido a nacimiento, envejecimiento, enfermedad, sufrimiento y muerte, experimenté el nirvana. Alcancé el conocimiento, la visión pura y mi liberación espiritual. Este es mi último nacimiento, ya no habrá más devenir ni más renacer.

También se le atribuyen, según la tradición, las siguientes palabras:

Sin descanso he seguido la rueda de muchos nacimientos, he buscado a su constructor. Malo es el eterno renacer; constructor, has sido descubierto por mí y no construirás más. Los pilares de la casa se han caído y el techo se ha desplomado. Ahora, el corazón ya libre, ha matado todo deseo.

Ya despierto, es decir, ya Buda, permaneció algún tiempo más allí disfrutando de su estado y, poco después, inició su enseñanza a todo aquel que quiso escucharlo. Había nacido el *dharma,* había nacido el budismo. Antes había vencido las tentaciones de Mara, un demonio que, primero, no quería que se iluminase y después que su mensaje llegase al mundo, y lo invitó a permanecer en el nirvana no sin que antes le hubiera ofrecido todas las tentaciones de la tierra. Buda no hizo caso, pero sí definió los que llamó «los nueve ejércitos de Mara», con los que este astuto demonio vence a los hombres: **insatisfacción, voluptuosidad, hambre y sed, pereza, ansia, duda, hipocresía, cobardía, vanidad y orgullo.** Pero Mara, es decir, los aspectos más oscuros de la mente, los contenidos mentales más arraigados, la negatividad más profunda, no impidió que Shiddarta se iluminase ni que llevase su descubrimiento a los demás, a la *sanga;* es decir, a la comunidad que poco a poco se reunió en torno a él para escuchar el *dharma,* la enseñanza.

Su primer discurso lo dio, en el llamado «Parque de los venados», a los cinco ascetas que le acompañaron en sus prácticas ascéticas. Su esposa Gopa y su hijo Rahula fueron también discípulos suyos. Gopa murió habiendo alcanzado también el nirvana. Se dice que Buda dejó su cuerpo con ochenta años, rodeado de discípulos en un bosque de mangos. Algunos dicen que fue envenenado. Ya antes habían intentado asesinarlo resentidos miembros de la casta bramánica, los cuales consideraban a Shiddarta como un enemigo de su religión. Pero la tradición dice que se intoxicó con comida en mal estado, lo que debilitó aún más su precaria salud. Esta tradición cuenta que alguien muy pobre lo invitó a su mesa y le ofreció hongos. Buda sabía que estaban en mal estado, pero no quiso desairar a aquel hombre que le ofreció lo poco que tenía, además ese mismo día lo había invitado a comer un rey, pero Buda aceptaba la primera invitación que recibía y aquel hombre llevaba invitándolo desde hacía mucho tiempo, y ese día fue el que llegó primero. Sea como fuere, Buda alcanzó el *paranirvana* o «la gran extinción». Su tumba vacía está en Kusinagar. Cuando falleció en el bosque de mangos fue cremado según la costumbre en esta ciudad y se construyó una *stupa* o monumento funerario llamada *Mahaparanirvana*. Naturalmente, fue y es un centro de peregrinación y una de las cuatro ciudades sagradas del budismo. Las otras tres son Lumbini (Nepal), su lugar de nacimiento; Sarnath, donde Buda predicó la primera vez, y Bodhi Gaya, porque allí estaba el árbol *bodhi,* un ficus, bajo el que se iluminó. Por cierto, hoy hay en el mismo lugar un árbol del que se dice es «hijo» de aquel.

Después de su muerte, en el año 477 antes de nuestra era, sus discípulos se reunieron en un concilio y codificaron la enseñanza que fue recogida en escritos. En vida no permitió que se escribieran sus palabras. Sus discípulos principales fueron su primo Ananda y Mahakashyapa, que fue designado por Buda como su sucesor y que fue quien dirigió el primer concilio de monjes. El anteriormente mencionado Canon Pali o Tipitaka (las tres cestas) sale de este concilio. Sobre Mahakashyapa se cuenta un relato muy hermoso. Un día Buda salió a dar un discurso sobre las flores con una flor de loto en la mano. Todos estuvieron atentos a sus palabras, pero solo Mahakashyapa reparó en el loto; soltó primero una sonrisa y después una carcajada.

Buda dijo entonces:

> **Poseo la visión del dharma, la mente del nirvana; sé lo que es la forma y la no-forma; la verdadera enseñanza no se basa en palabras ni letras, sino en una transmisión sutil fuera de las escrituras, por eso confío la enseñanza a Mahakashyapa.**

Solo Mahakashyapa había comprendido que la propia flor era la enseñanza.

Este fue el origen de que en el budismo prime la experiencia sobre la escritura, y este ha sido y es uno de los grandes logros en los que se basa la continuidad del budismo hasta hoy. El ser humano y su experiencia directa por delante de las escrituras o las palabras.

Fue el emperador Asoka en el 250 a. de C. (aproximadamente) el que hizo del budismo la religión oficial de India. Pero en el siglo vII el budismo decae en su país de origen y en el xIII casi desaparece.

Sin embargo, el budismo se extendió fuera de India en los países limítrofes. En China originó, mezclándose con el taoísmo, el budismo *chan,* que luego viajó a Japón y se conoce como *zen,* y sobre el que hablaremos más adelante. En Tíbet se mezcló con su religión tradicional llamada *bon po,* dando lugar al budismo tibetano llamado *vajyarana* o budismo tántrico, muy conocido en occidente por la figura de su líder espiritual el Dalái Lama.

Como ha sucedido habitualmente con todas las religiones, después de la muerte de su fundador el budismo se dividió. Estas son, en síntesis, las dos principales escuelas:

— Escuela *Mahayana.* Creen en la liberación personal y de todos los seres. Creen que hay *Bodisattvas* o individuos que habiendo alcanzado la liberación renacen aquí para ayudar a otros seres a alcanzar la liberación.
— Escuela *Theravada* o escuela de los antiguos. No aceptan la idea del *Bodisattva;* trabajan solo por la liberación personal. Está extendida, sobre todo, en el sudeste asiático.
— Dentro del budismo Mahayana destacan:
— El *Zen,* asentado principalmente en Japón y que se origina en el budismo chino *chan.*
— El *Vajrayana* o *Tantrayana* o budismo tibetano es principalmente propio del Tíbet. Nace del encuentro del budismo con la ancestral religión tibetana.
— El Budismo de la Tierra Pura es una vía basada en la devoción más que en las prácticas de meditación. Es originario de China.

Conceptos clave para entender el budismo

Vamos a ver ahora algunos conceptos importantes en el budismo que le ayudarán enormemente a comprender y profundizar en sus enseñanzas.

Forman un marco, en este caso teórico, que facilita la comprensión de la realidad vital del individuo en el aquí y ahora de la existencia particular de cada uno. Asimismo favorecen la posibilidad de encontrar respuestas a las preguntas existenciales más comunes. Dado que el budismo nace en un entorno hinduista y, lógicamente, tiene mucho de su filosofía, incluyo algunos conceptos hinduistas a fin de facilitar la comprensión global de la enseñanza budista. Un ejemplo es el de la reencarnación, presente en el budismo y, desde mucho tiempo antes, también en el hinduismo, aunque, como veremos a continuación, hay diferencias entre ambas concepciones.

Nirvana

Estado de plenitud no condicionado por todos los factores mentales y orgánicos a los que está comúnmente atada la conciencia. Es un estado de gozo y de percepción clara de la realidad, una realidad que entonces se percibe tal como es y no tal como somos. En nirvana el ego desaparece «haciéndose a un lado». Es un estado de unificación, ya no existen ni el sí ni el no, ni el deseo ni el rechazo. Hay quietud y «todo está bien», todo es perfecto. Está más allá de la dualidad. Es el estado que alcanza Shiddarta Gautama al despertar.

Iluminación

Es el fenómeno asociado a nirvana. Hay que explicar que la iluminación es un hecho orgánico. Se define así porque en el cerebro se percibe luz. Esa luz lleva implícita la «visión clara», la que te permite percibir la realidad más allá de lo fenoménico. La percepción de esa realidad no distorsionada por las apariencias generadas por los fenómenos inherentes a la existencia, lleva aparejado el conocimiento. En el estado de Buda, de despierto, el ego se ha fundido en la conciencia del Ser. La enseñanza budista se centra precisamente en este logro y para ello se utiliza el Noble Sendero Óctuplo. Ya despierto, el ser humano se libra del sufrimiento y del *samsara* o «rueda de existencias». El Iluminado ya no está condicionado por el karma.

✎ *La felicidad está en la obtención de la sabiduría.*
La felicidad está en abstenerse del mal.

BUDA

Karma

Karma significa, literalmente, «acción» y, en cuanto a la doctrina, podemos definirlo como que **el karma representa las consecuencias del acto que son inherentes al acto mismo.**

Todo acto que surge del deseo origina karma. Por tanto, el karma surge del deseo según esta secuencia:

El **deseo** pone en marcha la **voluntad** que genera la **acción intencionada** que genera unas **consecuencias (karma).** Por eso, toda acción intencionada nacida del deseo (entendiendo también la aversión) genera karma.

Este proceso de movimiento resultado de la acción/consecuencias se denomina la rueda de *samsara* o rueda de existencias.

Lo que provoca el renacimiento en el mundo y la rueda de las existencias, por tanto, es el **karma.**

Esto se debe a que según el budismo el mundo es:

- **Condicionado.** Está condicionado sobre todo por la percepción deficiente. Nuestra mente no iluminada y en constante agitación nos impide ver el mundo y a nosotros mismos tal como somos.
- **Fenoménico.** El mundo es una sucesión de fenómenos en cascada e interrelacionados que nos impiden ver la realidad. Nuestra percepción atiende al fenómeno, pero no a su causa.

- **Insustancial.** El mundo carece de sustancia real. Es, en realidad, una ilusión; es *maya* (veremos este concepto más adelante).
- **Efímero.** En el mundo, dada su insustancialidad, todo es efímero, como dijo Buda: **«El pasado es un sueño; el futuro, un espejismo, y el presente, una nube que pasa»**.
- **Transitorio e impermanente.** En el mundo nada es permanente, nada inmutable, todo transita de un estado a otro, de una condición a otra.
- **Insatisfactorio.** Si te aferras a aquello que está condicionado, que es exclusivamente fenoménico, que es en sí mismo insustancial, que es efímero y de naturaleza transitoria e impermanente, ¿cómo no va a resultar insatisfactorio?

Respecto a la enseñanza de la impermanencia tan propia del budismo, hay que resaltar que:

— Lo que pertenece a lo orgánico es **impermanente**.
— Lo que pertenece a la mente es **impermanente**.
— Lo que pertenece a «ello», al Ser, a lo real, es **permanente**.

Pero hay que entender que el karma puede nacer no solo de la acción física; la palabra y la intención también procuran karma. Es importante comprender el concepto «desde donde»; es decir, la fuente de la acción, el propósito e intención de esta. Muchas veces, cara al exterior, hay acciones neutras o incluso que parecen positivas, pero su última intención no es correcta ni obedece a la intención de hacer el bien. Asimismo, la palabra puede provocar enormes daños, convertirse en un arma tremendamente poderosa para perjudicar a otros y ser origen de karma.

Samsara o rueda de existencias

La ilusión de un «yo» más la percepción de lo exclusivamente fenoménico como algo real provoca la atadura al mundo y, por ello mismo, la dificultad de la iluminación que libera de esas ataduras. Ese «yo» que provoca karma, según lo anteriormente explicado, genera la dinamización de esa rueda, pues un acto intencionado genera un karma, es decir, un fenómeno resultante de la acción anterior, ese fenómeno a su vez genera otra acción intencionada, y así sucesivamente.

Renacimiento

Hay que resaltar la diferencia entre reencarnación, una enseñanza hinduista, y el renacimiento, que es una enseñanza budista. Ambas ideas se parecen, pero hay sustanciales diferencias. La idea hinduista se basa en la existencia de un ente permanente que llega al nacimiento una y otra vez hasta alcanzar la liberación, siendo cada vida una forma de experimentación y aprendizaje. Al morir, ese ente que todavía tiene karma encarna en otro cuerpo físico. Por decirlo de algún modo, existe un «yo» imperecedero. Esta es la idea que más ha triunfado entre los occidentales, ya que ese «yo» imperecedero ha sido interpretado como el alma judeo-cristiana.

El budismo, en cambio, no acepta la idea de un ente permanente. Considera que en cada vida orgánica se obtiene un fruto; es decir, ese ente ya no es igual en cada vida, por tanto no hay un ente inmutable que renazca. Hay que recordar que en el budismo el «yo» es algo ilusorio e impermanente. Para comprender el renacimiento, la idea del fruto es bastante precisa. El árbol sería una vida orgánica que nació de la semilla dejada por un fruto anterior; ese árbol a su vez dejará un nuevo fruto y así sucesivamente, dando por entendido que, pese a ser de la misma naturaleza, cada fruto es muy diferente, siendo asimismo como fruto impermanente, tal como son también impermanentes la semilla y el árbol.

Maya

Significa ilusión y, para el budismo, esta vida que consideramos tan real, tan concreta, tan física, no es más que una ilusión. Esta ilusión es producida por el movimiento de la rueda samsara y, asimismo, la ilusión alimenta el samsara. Es decir, lo que se percibe a través de los sentidos e interpreta la mente es exclusivamente lo fenoménico que oculta la realidad.

La mente está atada a maya.

Mente

La mente es como un baúl, un recipiente al que se van «agregando cosas».

La mente tiene cinco agregados (esos cinco agregados son los que, juntos, constituyen el yo-ego). Se llaman agregados porque se «agregan» o apegan a la mente, y son:

— El cuerpo, la forma y la imagen de uno mismo que nace de ellos.
— Sentimientos y sensaciones, o la información pura de los sentidos.
— Percepción y memoria. La capacidad de la mente de transformar la información sensorial en elementos reconocibles.
— Estados mentales. La transformación subjetiva que producen en la mente.
— Conciencia. Respuesta de cuando algo se hace consciente en nosotros.

El yo-ego resultante de esos cinco agregados es el que padece el deseo y la aversión, y es el sujeto del sufrimiento.

En Oriente la mente es representada por un mono. Un mono que no está quieto ni produce resultados útiles y que, incluso más veces de las deseadas, es capaz de provocarnos sufrimiento. Por eso, una gran parte de la práctica budista va dirigida a adiestrar la mente. Si se adiestra la mente, se descubre el yo y una vez descubierto el yo es posible llegar a la iluminación y al Ser.

El resultado de ese yo fruto de la mente y sus agregados son los apegos:

— Apego a lo mío.
— Apego a mis deseos.
— Apego a mis sensaciones.
— Apego a mis fantasías.
— Apego a mis creencias.
— Apego a mis opiniones.

La suma de toda esta actividad de la mente se resume y define como ignorancia. Esta ignorancia no tiene nada que ver con la erudición o su carencia. De hecho, un gran erudito puede ser y, la mayoría de las veces lo es, un gran ignorante. En el zen a la erudición se le suele llamar *la basura,* entendiendo que las propias opiniones y sistemas de creencias propias de la erudición entorpecen la percepción de lo real. La práctica de la meditación ayuda a discernir lo que es erudición; es decir, un conocimiento «prestado», de aquel que emana de la propia fuente de una mente serena y en calma.

Dijo Buda que cuando una mente se encuentra ante una experiencia nueva que valora como amenazante o desestabilizadora, adopta tres estrategias:

- La primera es la del rechazo. La posibilidad de que esa nueva experiencia desequilibre el *status quo* mental del sujeto, hace que la experiencia sea rechazada. Esa forma de rechazo puede ser expresa o sutil.

- La segunda estrategia se basa en el deseo de controlar la experiencia y someterla a nuestros gustos y apegos. En última instancia la mente trata de adaptarla a la medida de las propias creencias y opiniones, de tal modo que su efecto desestabilizante se inhabilita.
- La tercera estrategia consiste en simplemente ignorarla, esperando que desaparezca por sí misma.

Todos los estados mentales perjudiciales tienen sus raíces en la ignorancia y convergen en ella. Al abolir la ignorancia, todos los demás estados perjudiciales serán también abolidos.

Duhka o sufrimiento

Este concepto es el que hizo emprender a Buda su búsqueda espiritual. Hay que comprender que sufrimiento se refiere a todo aquello que no es «agradable» para el ser humano. Va desde el desasosiego hasta la enfermedad, los estados indefinibles de tristeza o el abandono; también incluye el cansancio, la preocupación; en definitiva, la ausencia de paz y bienestar. Desde luego que toda la vida no es sufrimiento y existe lo que se llama *suhka,* que sería lo opuesto, es decir, las sensaciones placenteras y agradables, el estado de paz y calma, pero todo esto tiene la condición de efímero, siendo la vida en general un tobogán que va de *duhka* a *suhka,* de lo placentero a lo no placentero, del sufrimiento a la paz.

Quien por lograr su propia felicidad daña o hace sufrir a otros que también desean su propia felicidad, no alcanzará esta ni después de muerto.

Ahimsa

Se le suele dar la interpretación de no-violencia y, por extensión, el significado de paz. Sin embargo, *ahimsa* se refiere especialmente al estado de aversión de la mente de la que ahimsa sería su conquista y superación. El estado de aversión se expresa en el ser humano como ira, cólera, odio, rechazo, animadversión, uso de la violencia especialmente ante el débil, imposición de las propias opiniones y creencias, ausencia de empatía y compasión por menosprecio, rabia, falta de paciencia, comprensión y respeto hacia el otro, entre otras conductas nocivas. Su fuente es el miedo.

En el otro lado *ahimsa* sería el estado que también supera el apego. Ese apego se expresa en el ser humano como egoísmo, avaricia, codicia, falta de generosidad, sensualidad animal, búsqueda desordenada de la satisfacción de los deseos, uso de los demás para los propios fines, deseo y mal uso de poder, vanidad, importancia personal, soberbia, ausencia de empatía y compasión ante la primacía de la propia satisfacción, autocomplacencia, intolerancia, uso de la violencia hacia el inferior, indiferencia al dolor ajeno, entre otras conductas nocivas. Su fuente es el deseo.

Los Tres Tesoros

Llamados también las tres joyas, son: el Buda, el *dharma* y la *sanga*. La aceptación de estos tres factores es lo que define a alguien como budista. A esta aceptación se le llama «tomar refugio».

- BUDA: significa aceptar que existe el estado búdico, el nirvana, la iluminación, que hay una comunidad de seres iluminados, que existe el despertar, que todos los seres humanos pueden acceder al despertar.
- *DHARMA:* su primera acepción es la de enseñanza, pero *dharma* también se refiere a una conducta en la vida de «camino recto» de «camino del medio» practicando la virtud y el deber.
- *SANGA:* se refiere a la comunidad budista. En principio se refería a los monjes, pero por extensión se refiere también a la comunidad laica y, en su conjunto, a toda la comunidad espiritual que practica el bien en el mundo.

Suttas (lengua pali) o *sutras* (lengua sánscrita)

Literalmente, discursos y palabras de Buda, aunque hay algunos sutras que no pertenecen a Buda. Ya hemos visto anteriormente que los discípulos recogieron una colección de textos en la llamada «Tres cestas» o *Tipitaka*. Son el *Vinaya Pitaka,* el *Sutta Pitaka* y el *Abidharma Pitaka;* a estos tres textos se les llama también «El Canon Pali», pues el pali fue la lengua que hablaba Buda. El término pali *sutta* en sánscrito es *sutra*. Este es el canon más tradicional y, por tanto, más cercano a la escuela Theravada, lo cual no implica que no sea reconocido por el resto del budismo. Sin embargo, hay otros cánones como el chino o el tibetano que agrupan otros textos. Esto deja bien a las claras que en el budismo no hay un solo libro sagrado revelado como la Biblia o el Corán, sino una serie de recopilaciones de sus palabras primero y luego otros textos de distintas fuentes que se fueron sumando según su aportación particular de enseñanza y sabiduría.

A continuación propongo la lectura de cuatro textos fundamentales dentro del budismo que, además, tienen la ventaja de ser muy breves:

- DHAMMAPADA. Forma parte del *Sutta Pitaka* y es atribuido a Buda. Es tal vez el texto más popular en Occidente y ha sido definido como el texto ético-moral más importante nunca escrito. Es breve y está traducido a prácticamente todas las lenguas occidentales.
- SUTRA DEL CORAZÓN. Este brevísimo texto se recoge en un anexo al final de este libro.
- SUTRA DEL DIAMANTE. Este texto pertenece al budismo Mahayana. En él Buda tiene un diálogo con su discípulo Shibuti. Se dice que una copia en chino de este texto es el libro impreso más antiguo del mundo, pues data del año 868 antes de nuestra era. Pertenece a los textos llamados *Prajnaparamita* o «de perfección de sabiduría».

- SUTRA DE LA ATENCIÓN. En este caso pertenece a la escuela Theravada y forma parte también del *Sutta Pitaka*. Habla del cultivo de la atención y es un texto básico para cualquier persona que quiera interesarse en la meditación.

Bodisattva

Es una figura principal en el budismo Mahayana. Se refiere a los seres humanos que, habiendo alcanzado la iluminación o estando en el camino de lograrlo, deciden vivir la experiencia de renacer de nuevo en la rueda de samsara para ayudar compasivamente a sus semejantes en la vía de la iluminación, a la vez que él mismo progresa. El estado de compasión con todos los seres sintientes y tan querido en el budismo se llama *karuna*. Ese estado de compasión hace que mientras haya un solo ser sufriendo el bodisattva compartirá su sufrimiento

El bodisattva pasa por diez etapas antes de lograr la total iluminación:

— La de la alegría y gozo.
— La de la paz y pureza.
— La de la humildad y ecuanimidad.
— La de la convicción y no esfuerzo.
— La de la confianza y seguridad inamovibles.
— La del discernimiento y silencio de la mente.
— La del dominio de la mente y en la que ya no hay vuelta atrás.

— La de la aceptación inamovible, sin deseos ni propósitos personales.
— La de la sabiduría.
— La de la iluminación.

Se cuenta que unos soldados japoneses estaban de maniobras y los oficiales establecieron su cuartel en el monasterio del maestro zen Gasan, que dio instrucciones para que ofreciesen a los soldados la misma comida que tomaban los monjes. Los oficiales mostraron su disgusto habituados como estaban a ser tratados de modo especial. El jefe trasladó su malestar a Gosan: «Somos guerreros que arriesgamos la vida por vosotros, ¿es esto lo que merecemos?». Gosan respondió: «¿Qué crees que somos nosotros? Somos soldados que trabajamos para salvar a la humanidad».

Los tres venenos

Según Buda estos son los tres factores que forman el origen del sufrimiento, siendo el tercero la ignorancia, entendida como ignorancia espiritual, el resultado del deseo y la aversión:

- DESEO. Este habita en el futuro, por lo que es, por su propia naturaleza, tan irreal como irrealizable. Si hay deseo es que no se ha consumado, pues si ha sido consumado ya no es deseo. Y la consumación de un deseo no lleva nada más que a la aparición de otro nuevo en una secuencia que no acaba. Solo una reflexión pausada sobre esta enseñanza muestra cómo el deseo solo puede ser fruto de la mente y, dado que los deseos son irrealizables, la consecuencia es la frustración, la agitación y el sufrimiento. Es igualmente importante distinguir entre necesidad y deseo. La necesidad habita más en el presente y es más corpórea que el deseo.

- AVERSIÓN. Si el deseo habita en el futuro, la aversión habita en el pasado. La aversión es fruto de la memoria, de la experiencia, y nace de los contenidos de la mente y de su funcionamiento. La mente funciona por comparación y luego por discriminación. En cualquier elección hay una cosa que se elige y otra que se rechaza. La mente procura siempre gastar la menor energía y tiempo, por lo que tiende a hacer discriminaciones automáticas y duraderas. Esta es una buena y eficiente solución en algunos casos, pero no lo es tanto en otros. Si la mente tiene que tomar en el desayuno la decisión de café o zumo, optará por aquella que sea más agradable al paladar o más saludable, y en cualquier otra opción igual, responderá automáticamente del mismo modo. Este es un ejemplo en el que la mente resulta eficaz. Antes también hay que advertir que la mente, para realizar eficazmente su función discriminatoria, es sumamente operativa buscando diferencias y dando importancia a estas diferencias.

- IGNORANCIA. Si el origen del sufrimiento son los estados mentales de deseo y aversión, el fruto de ambos es la ignorancia espiritual. Esta ignorancia, que no hay que confundir con el saber común humano, es la que provoca el olvido de su naturaleza búdica. Esta ignorancia espiritual, la falta de conexión y de entendimiento con lo absoluto, hace que el ser humano sea arrastrado cada vez más por sus deseos y aversiones.

La enseñanza budista

El señor Shiddarta Gautama trajo al mundo la iluminación. Por eso fue llamado Buda, el Despierto. Este mismo concepto de despertar nos acerca de un modo correcto a la esencia del budismo: el ser humano está dormido, vive en un sueño condicionado por su ignorancia, sus apegos y sus aversiones.

Y por el sufrimiento que todo lo anterior le produce.

Buda, el Despierto, afirmó: **«El dolor es inevitable, pero el sufrimiento es opcional»**. Esta afirmación, en sí misma, es absolutamente reveladora y nos aporta una enorme herramienta de comprensión. Dicho de otro modo, el dolor le pertenece principalmente al cuerpo y habita en el presente, pero el sufrimiento es de la mente y habita en el pasado o en el futuro y, por tanto, se puede eliminar. Y Buda enseñó el camino. A ese camino lo llamó el Noble Sendero Óctuplo. Pero antes de ello nos mostró las llamadas Cuatro Nobles Verdades. Este fue el descubrimiento que alcanzó después de su iluminación, el descubrimiento que regaló al mundo. Leamos el *Sutra de la atención,* que nos dice:

He aquí, monjes, las Cuatro Nobles Verdades:

- La Noble Verdad del Sufrimiento.
- La Noble Verdad del origen del sufrimiento

que tiene su causa en el deseo.
- La Noble Verdad de que puede cesar el sufrimiento, pues el deseo puede ser superado.
- La Noble Verdad de que existe un sendero que conduce a la cesación del sufrimiento.

Este es el Noble Sendero Óctuplo que comporta:

1. Recta comprensión.
2. Recto pensamiento.
3. Recta palabra.
4. Recta acción.
5. Recta forma de vida.
6. Recto esfuerzo.
7. Recta atención.
8. Recta concentración.

Repasamos estas Cuatro Nobles Verdades con los añadidos explicativos de los sabios budistas posteriores:

- PRIMERA NOBLE VERDAD.

Hay sufrimiento.

Existe el sufrimiento, el dolor y la insatisfacción. Hay tres tipos:

— Los inherentes a la vida orgánica, como la enfermedad o el envejecimiento.
— Los inherentes al devenir de la vida.

— Los inherentes a la mente, que son el apego, la aversión y la ignorancia.

- SEGUNDA NOBLE VERDAD.

  Hay un origen del sufrimiento.

  — El origen es el deseo y la aversión.
  — El deseo y la aversión generan frustración.
  — El deseo y la aversión generan conflicto.
  — El deseo y la aversión generan ignorancia, esta provoca actos erróneos y negativos que a su vez generan las consecuencias inherentes a los mismos (karma).

- TERCERA NOBLE VERDAD.

  El sufrimiento puede cesar.

  Se logra siguiendo el camino propuesto por Buda, concluye con la iluminación y la consecución del nirvana.

- CUARTA NOBLE VERDAD.

  Hay un camino para hacerlo.

  Ese camino es el llamado Noble Sendero Óctuplo.

Solo este pequeño texto extraído del *Sutra de la atención* comporta, en sí mismo, la síntesis de una comprensión y un conocimiento de la naturaleza humana gigantesco.

Además es un conocimiento real, útil y cercano. Como también dijo el propio Buda: **«La verdad es aquello que produce resultados».**

Por eso Buda no es un teórico, ofrece la posibilidad de pasar de la fe a la certeza a través de la experiencia directa. A través de la praxis personal. Buda siempre exhortaba a sus discípulos a que averiguaran por ellos mismos la verdad de sus afirmaciones. Por eso en el budismo no hay dogmas. Por decirlo de algún modo, si algo no se verifica en la experiencia de la práctica, no vale. Hay un recorrido clásico del paso de la fe a la certeza:

— La primera etapa se llama «conocimiento de la certeza». Por ejemplo, me dicen que existe el mar.
— La segunda etapa se llama «fuente de la certeza»; en esta segunda etapa voy a ver el mar.
— La tercera etapa se llama «verdad de la certeza»; se produce cuando yo me meto en el mar y nado en él.
— Ciertamente, en la iluminación hay una última certeza y es aquella en la que averiguo que yo «soy» el mar.

✒ *La enseñanza es como una barca que hace un viaje, pero no hay que atarse a ella.*

BUDA

El sufrimiento

Buda constató que el ser humano sufre. Esa es la realidad. Se sufre en salud y enfermedad. Se sufre en riqueza y en pobreza. Se sufre solo y en compañía. Todo esto lo sabemos. Conocemos a personas sanas que sufren, a personas sin problemas económicos que sufren, personas acompañadas y con buenas relaciones de pareja, familia o amistad que sufren. ¿Por qué?

Porque el sufrimiento está en la mente y, por tanto, nos acompaña más allá de los escenarios en los que nos desenvolvamos. Es obvio que hay escenarios vitales más propicios al sufrimiento, tales como miseria, pobreza, enfermedad o pérdidas, pero a veces esos escenarios no están presentes y el sufrimiento sí.

¿Y ese sufrimiento de dónde viene cuando no está en nuestros escenarios? Buda, nuevamente, nos da la respuesta en la Segunda Noble Verdad.

El origen está en el deseo. Pero el deseo —y esta es la magnífica aportación del señor Buda— puede ser superado y, además, nos dejó dicho de qué manera se puede hacer. Ese es el Noble Camino Óctuplo y les invito a que vuelvan a leerlo, esta vez con añadidos de textos posteriores.

Noble Sendero Óctuplo

Estos dos primeros senderos se refieren a la práctica de la sabiduría.

- **Recta comprensión:**

— Es decir, entiendo que el sufrimiento existe.
— Es decir, entiendo que el sufrimiento tiene un origen.
— Es decir, entiendo que el sufrimiento puede ser erradicado.

- **Recto pensamiento:**

— Es decir, intención correcta.
— Es decir, voluntad correcta.
— Es decir, no violencia.

Estos tres senderos se refieren a los factores éticos.

- **Recta palabra:**

— Es decir, no mentir.
— Es decir, no incurrir en habladurías ni rumores.
— Es decir, no hablar con groserías ni utilizar un lenguaje abusivo ni duro.
— Es decir, no hablar con frivolidad ni de modo improvisado y sin pensar.

- **Recta acción:**

— Es decir, no matar.
— Es decir, no tomar lo que no te ha sido dado.

— Es decir, no hacer del sexo algo dañino.

- **Recta forma de vida:**

— Es decir, ganar el sustento de modo que no provoque perjuicios, daños o sufrimiento a terceros.

Estos tres últimos senderos se refieren al entrenamiento mental:

- **Recto esfuerzo:**

— Es decir, impido que surjan en mí estados perjudiciales.

— Es decir, favorezco que surjan en mí estados provechosos.

- **Recta atención:**

Es decir, tomo conciencia del presente, del aquí y ahora.

Es decir, tomo conciencia de mi cuerpo, de mis sensaciones, de mi estado mental, de los movimientos de mi mente de un estado a otro.

- **Recta concentración:**

— Es decir, me aplico en el desarrollo de la serenidad.

— Es decir, me aplico en el desarrollo de la visión de lo real, de lo que es real y no ilusorio.

La práctica de los senderos referidos al entrenamiento mental genera sabiduría, aunque en el budismo se distinguen tres niveles de sabiduría:

- La sabiduría prestada. Se refiere a lo que consideramos como sabiduría y que proviene de otros. Es una sabiduría aprendida de libros, discursos o lecciones y que nos apropiamos. A veces es provechosa y otras no.
- La sabiduría mental o intelectual. Es la misma sabiduría anterior, pero ya elaborada, comparada, testada y examinada que demuestra su carácter útil y beneficioso.
- La sabiduría experimentada. Es la que se alcanza a través de la experiencia; es la verdad experimentada; es la sabiduría viva y transformadora que no solo es empírica. Es la sabiduría que hace crecer espiritualmente.

Sin duda, el Noble Camino Óctuplo es un código ético y filosófico de gran profundidad y de enorme alcance. Un resumen magistral para lograr una vida mejor, alejar el sufrimiento y llegar a la paz interior. Pero vamos a ir más adelante, vamos a intentar avanzar más. Ahora tampoco debemos olvidar otro hecho fundamental: **el error que representa buscar la satisfacción por medios inherentemente insatisfactorios.**

El ser humano, desde la perspectiva de la búsqueda de placer acude a la mera satisfacción sensorial, pero esta satisfacción es limitada en tiempo y forma, por lo que a su fin vuelve a reproducirse el proceso, con la diferencia de que el deseo se incrementa y la satisfacción alcanzada anteriormente se queda «corta» y se busca una satisfacción más duradera y de mayor intensidad, por lo que el proceso satisfacción-insatisfacción siempre está presente. Lo mismo ocurre con la búsqueda de la satisfacción intelectual-mental. Y todo esto ocurre por la intemporalidad y condición efímera de lo fenoménico, según enseñó Buda.

El maestro zen Benkai del siglo XVII nos ilustra al respecto:

> Si te despegas de los pensamientos, no hay confusión, así no hay causa ni efecto. No habiendo causa ni efecto, no existe el dar vueltas en torno a rutinas. Mientras tengas pensamientos, cuando cultivas buenos pensamientos se producen buenas causas y buenos efectos, y cuando haces el mal se producen malas causas y malos efectos. Cuando te has despegado del pensamiento y te has armonizado con el conocimiento sutil, no existen causas ni efectos, nacimientos ni muerte.

Además tenemos que tener presente como elemento fundamental de reflexión la condición esencial de la naturaleza humana que es la de ser reactiva.

Sé como un cadáver que no reacciona ni a los halagos ni a los insultos.

BUDA

La naturaleza reactiva del ser humano

Nuestra naturaleza es esencialmente reactiva. Estamos diseñados para reaccionar. Tenemos que buscar nuestro sustento y debemos, a través del sexo, garantizar la siguiente generación, por lo que sentimos el impulso de buscar parejas. Asimismo estamos diseñados para sobrevivir, evitando lo que nos puede hacer daño y destruir. De nuestra naturaleza reactiva y del vínculo sensorial con la vida nacen el deseo y la aversión. De estos nace la ignorancia. Deseamos lo que nos da placer y seguridad; el sexo y la comida llevan aparejados la recompensa del placer y buscamos esa recompensa, deseamos esa recompensa. Lo mismo ocurre con la seguridad; pensamos que acumular poder y posesiones nos proporciona seguridad, que nos hace más fuertes, menos vulnerables. Por otro lado rechazamos aquello a lo que tememos, a lo que creemos que atenta a nuestra seguridad, a nuestro sustento, a nuestra vida.

Deseo y aversión. Codicia y miedo. Frustración y odio.

Pero todo tiene su origen en ese deseo y en esa aversión. Vamos hacia aquello que nos puede proporcionar placer y seguridad. Rechazamos aquello que nos puede suponer inseguridad y dolor. Parece normal, es un código vital que todos los animales tienen y, en definitiva, somos animales. Pero hay que señalar un pequeño detalle en lo referente al ser humano.

La mayoría de las veces tanto deseos como aversiones son exclusivamente mentales. Si yo tengo hambre no deseo comida, *necesito* comida, lo cual es diferente. En cambio, un coche de marca se desea, pero no se necesita. Si entra un tigre en mi habitación es evidente que estoy ante un peligro real y mi vida puede estar en juego. Si me encuentro a una persona con otro color de piel, que pertenece a otra cultura y siento ante ella aversión o rechazo, no es porque esa persona sea un peligro real para mí, sino que la aversión hacia ella parte de las creencias o la cultura, o sea, parte de la mente.

Se cuenta una anécdota maravillosa de Buda que ilustra lo comentado de la naturaleza reactiva normal del ser humano y de la no reacción del que ha alcanzado la liberación.

Una vez se acercó a Buda un brammán, un sacerdote hinduista, que censuró y criticó con dureza al Iluminado volcando sobre él ira y cólera envueltas en forma de un discurso mental sólidamente construido por su erudición y conocimiento de las escrituras védicas. Buda lo escuchó sin inmutarse. Al cabo de un buen rato le preguntó: «¿Has terminado ya con tus críticas?»,

«Sí», contestó el brammán. «Entonces recógelas y llévatelas contigo, yo no las necesito», respondió el Iluminado.

Dice Buda en el *Dhammapada:*

> No te identifiques con lo que es agradable ni con lo que no es agradable para ti. No busques lo que es placentero ni tampoco lo que no es placentero, en ambos hay sufrimiento.

Este citado *Dhammapada,* que se puede traducir como «senda de virtud», también ha sido llamado «el evangelio budista»; es una recopilación de palabras del propio Buda y, como ya hemos dicho, un texto indispensable.

Pero volvamos a la enseñanza sobre el sufrimiento y leamos a Milarepa, uno de los más grandes iluminados budistas de todos los tiempos que añade:

> Todas las ocupaciones terrenales tienen un final único e inevitable, que es la aflicción. La adquisición termina en pérdida; la construcción, en destrucción; la reunión, en separación; los nacimientos, en muertes.
>
> Sabiendo esto, debemos renunciar a la adquisición y acumulación, a la construcción y a la reunión, y dedicarnos fielmente a la comprensión de la verdad.

Según la enseñanza budista, la naturaleza reactiva es fuente de las tres sensaciones: placenteras, dolorosas y neutras. Las placenteras originan **apego** y, por tanto, se **desean;** las dolorosas originan **aversión** y, por tanto, **rechazo;** las neutras son causa de confusión, aburrimiento y pereza.

Tilopa, otro de los más grandes maestros budistas históricos, nos dice:

> Que la mente no piense en el pasado, no piense en el futuro. No piense que no está pensando. No consideres el vacío como si fuese la nada. No analices las impresiones de los sentidos. Mantenla tan calma como un niño que duerme: ese es su estado natural.
>
> Efímero es este mundo; no tiene sustancia alguna; es igual que las sombras y que los sueños. Renuncia a él, abandona tus vínculos y zanja tus ataduras de avidez y aversión.

Pero, ¿es posible que ese deseo y aversión no nos dañen? La no satisfacción de los deseos nos produce irritación y frustración; la llegada de lo que nos produce rechazo nos irrita, pero sin ambos estados reactivos nos llega la pereza y el aburrimiento. Todo esto sin profundizar más. Repetimos la pregunta de otro modo: ¿es posible alcanzar la paz interior y, por tanto, acceder a una felicidad no condicionada? Hay que insistir en que la respuesta que nos dio el Buda es que sí es posible.

Se habrán dado cuenta de que en definitiva Buda, como punto de partida, no propone otra cosa que el camino de la virtud. Dentro del budismo estas virtudes se conocen como *paramitas,* un término habitualmente traducido del pali como perfecciones.

Veamos las que se citan en el *Sutra Buddhavamsa* o de las Diez Perfecciones:

1. *Dana parami:* generosidad.
2. *Sīla parami:* virtud, moralidad, honestidad, conducta apropiada.
3. *Nekkhamma parami:* renuncia.
4. *Prajñā parami:* sabiduría.
5. *Viriya parami:* energía, esfuerzo.
6. *Kshanti parami:* paciencia, tolerancia, receptividad.
7. *Sacca parami:* sinceridad.
8. *Adhitthana parami:* determinación, resolución.
9. *Mettā parami:* bondad, amabilidad.
10. *Upekkhā parami:* ecuanimidad, serenidad.

A estas virtudes debemos añadir los *sila* o preceptos morales.

Estos cinco preceptos morales son:

— No matar ni dañar.
— No tomar lo que no es tuyo.
— No tener una conducta sexual insana o dañina.
— No hablar de modo dañino ni falso.
— No envenenarse ni dañarse a sí mismo.

Nuevamente acudimos el *Dhammapada* para leer:

Uno debe refrenar la mala conducta del cuerpo y controlarlo. Abandonando la mala conducta del cuerpo, uno debe adiestrarse en su buena conducta.

Uno debe refrenar la mala conducta del habla y

controlarla. Abandonando la mala conducta del habla, uno debe adiestrarse en su buena conducta.

Uno debe refrenar la mala conducta de la mente y controlarla. Abandonando la mala conducta de la mente, uno debe adiestrarse en su buena conducta.

Los sabios se controlan en actos, en palabras y en pensamientos. Verdaderamente se controlan bien.

Por supuesto no es fácil, hay serias dificultades y obstáculos.

Sabiéndolo, Buda dio esta enseñanza a sus monjes:

He aquí, monjes, los cinco obstáculos:

- Cuando el apetito sensual está presente en él, el monje lo sabe.
- Cuando la ira está presente en él, el monje lo sabe.
- Cuando hay pereza y sopor en él, el monje lo sabe.
- Cuando hay desasosiego y ansiedad en él, el monje lo sabe.
- Cuando hay duda en él, el monje lo sabe.

Pero el señor Buda nos da también esta enseñanza que traemos del *Sutra de la atención:*

He aquí, monjes, que un monje conoce los siete factores de iluminación:

- Cuando la atención está presente en él, el monje lo sabe.
- Cuando la investigación de los objetos mentales está presente en él, el monje lo sabe.
- Cuando la energía está presente en él, el monje lo sabe.
- Cuando la alegría está presente en él, el monje lo sabe.
- Cuando la calma está presente en él, el monje lo sabe.
- Cuando la concentración está presente en él, el monje lo sabe.
- Cuando la ecuanimidad está presente en él, el monje lo sabe.

Por cierto, la actual y exitosa *mindfulness* se refiere al primero de estos siete factores de iluminación. Esta palabra en pali es *sati,* y en sánscrito, *smrti.* Cuando los primeros traductores ingleses se enfrentaron a estos textos, eligieron el término inglés de *mindfulness* para traducir este concepto que en español comúnmente se traduce como «atención consciente». A su vez, el correcto *sati* o *smrti,* es decir, la correcta atención es el séptimo elemento del Noble Camino Óctuplo según hemos visto.

Para ilustrar este concepto hay una anécdota que cuenta que Buda estaba un día dando un discurso cuando una mosca revoloteó alrededor de su cabeza. Buda hizo un gesto con la mano para alejarla. Pero, en ese mismo instante, se detuvo y cerró los ojos entrando en un breve, pero intenso, estado meditativo. Al poco, movió la mano con el mismo gesto. Un discípulo le preguntó por qué movía la mano si ya no estaba la mosca. Buda respondió que su mano la primera vez se había movido de modo mecánico, sin tener conciencia del movimiento, sin atención ni darse cuenta del movimiento; había dejado de ser consciente de sí mismo y que el nuevo movimiento lo hacía desde la atención y la conciencia.

Pero volviendo a las dificultades, Buda sabía que el ser humano es esclavo del mundo y de su mente, y que la suma de ambos genera el «yo». Y describió las diez principales ataduras que esclavizan al ser humano y son, según el *Sutra Pitaka:*

— La creencia en un yo.
— El escepticismo.
— El apego a reglas y rituales.
— La sensualidad.
— La malevolencia.
— El deseo de existencia en la materia sutil.
— El deseo de existencia inmaterial.
— El engreimiento.
— El desasosiego.
— La ignorancia.

Otra enseñanza fundamental de Buda es la que se refiere al llamado «sendero del medio». Buda, en su búsqueda espiritual, practicó un rigurosísimo ascetismo que casi lo mata. Esta experiencia le hizo ver que, tanto el extremo de la sensualidad y la complacencia como el del rigor, son malos. Después de la iluminación predicó la importancia de una vida en equilibrio, de un sendero «medio» que evite los extremos y que busque la armonía de lo que está centrado.

Es hora de resumir y podemos decir que la enseñanza dada por el Buda incluye:

— Buscar el camino del medio. Separarse de los extremos.
— Una conducta basada en *ahimsa*. Este término puede traducirse como «paz». Pero este concepto también se refiere a la compasión y a la benevolencia.
— La práctica de la virtud.
— La práctica del Noble Sendero Óctuplo.

Más valiosa que la conquista en la batalla de cien mil enemigos, es la conquista de uno mismo.

BUDA

El budismo zen

Vamos a mostrar una breve aproximación al budismo zen por dos razones. La primera se debe a su intrínseca potencia de profunda enseñanza acompañada de una praxis y de todo un entorno ético y estético enormemente sugerente. La segunda se debe a la gran popularidad que el zen ha alcanzado en Occidente precisamente por lo expuesto anteriormente.

A la muerte de su fundador, el budismo tuvo un tiempo de esplendor en India, de tal modo que el emperador Asoka lo convierte en la religión del estado en el siglo III a. de C. Sin embargo, y a medida que esta religión se extiende en los territorios limítrofes, va decayendo en India hasta casi desaparecer allá por el siglo xIII. Uno de los primeros que llevó el budismo fuera de la India fue el gran Bodhidharma.

El zen proviene del budismo *chan* chino. Esta palabra, *chan,* proviene a su vez del término sánscrito *dhyan,* que se refiere a un estado de profunda introspección meditativa. El término chan, cuando llega a Japón, se transforma en la palabra zen.

Bodhidharma trajo el budismo a China en el siglo vI y se estableció en Shaolin, siendo este monasterio el centro desde el que se expande la religión al resto de China. Y es allí donde se impregna de taoísmo, dando como resultado una filosofía y una práctica de perfume distinto al budismo tibetano o al budismo theravada.

En el budismo zen existen, básicamente, dos escuelas: la Soto y la Rinzai. La Soto fue más popular, a ella pertenecían los campesinos y las clases más bajas. Se basa en la práctica de zazen o meditación en la cual se adopta una postura sentados en loto y con las manos en una posición precisa. La Rinzai, más intelectual, fue adoptada por las clases altas y por los samuráis y, además de la meditación, utiliza el *koan*. La Rinzai, de origen chino, dice que la verdadera naturaleza del ser humano es la del estado de iluminado. Es más severa y monacal. Llega a Japón y triunfa en el siglo xIII, arraigando entre los samuráis, que le aportan ese aire riguroso y disciplinado. La ceremonia del té, la caligrafía, las artes marciales, el jardín zen, la estética zen, en suma, son Rinzai, pues, como hemos dicho, es la escuela adoptada por la clase dominante. Su maestro más destacado fue el famoso monje Hakuin, cuya influencia ha llegado hasta hoy. La Soto, más tranquila y con menos ceremonial, fue la más popular entre la gente común. En el origen de la escuela Soto está el famoso maestro Dogen, que la trajo a Japón también en el siglo xIII. Su afirmación es que, básicamente, todo se reduce a la práctica de zazen, o meditación sentados.

He aquí algunos principios zen:

— Buscar y reconocer la belleza de lo imperfecto.
— Darse cuenta de que la hierba crece sola y despacio.
— Prestar atención a lo sencillo y lo natural.
— Respetar el código de honor.
— Ver la vida como un sueño.
— Entender la ética y estética como enseñanza natural.
— Practicar la meditación en acción: todo es zen.
— Utilizar correctamente la espada de la mente: el discernimiento.
— Adoptar la ligereza y mantener una visión clara.
— Ser capaz de contemplar la mente.
— Darme cuenta de lo que está hecho con los ropajes del yo.
— Darme cuenta de que la felicidad solo sabe del ahora.
— Solo hay que permitir que las cosas afloren.

Pero zen es un estado interior; es un estado de la mente que solo después se expresa al exterior. Toda la escenografía zen, más allá de su innegable belleza estética, no es nada si la mente zen no está presente. Desde la escenografía, la estética o los meros ritos, no se alcanza una mente zen.

De hecho, a una mente zen le es indiferente todo eso. Lo que hay, hay; lo que es, es. Lo que no hay, no hay; lo que no es, no es. Eso es todo.

El zen afirma que el estado de Buda ya está en nosotros; de hecho, nuestra naturaleza esencial es búdica. ¿Y qué es lo que nos separa de esa naturaleza?

La respuesta es el yo. Un yo que actúa como un velo, pero un velo que nos impide contemplar la realidad. La imagen del velo es muy cierta, ya que el ego en realidad carece de sustancia y su naturaleza es, en sí misma, impermanente.

En la práctica del zen no se aspira a evadirse del mundo ni separarse de él; al contrario, se busca la unidad y la presencia en el mundo.

Hay varios cuentos y anécdotas de maestros zen que ilustran esto.

> Un discípulo le preguntó a su maestro qué era el zen. Este le contestó: «Siéntate y come». «No comprendo», contestó desconcertado. «Si no comprendes, entonces siéntate y come», respondió el maestro.

La solución a la respuesta del maestro está en este otro relato:

> Otro discípulo preguntó a su maestro dónde estaba la verdad; este le dijo que la verdad se encuentra en la vida de cada día y su cotidianidad. El discípulo dijo que ahí no la veía. El maestro respondió: «Esa es la diferencia; unos la ven y otros no la ven».

El *koan*

Es una pregunta en principio absurda que no requiere una respuesta lógica. Por ejemplo, ¿cuál es el sonido de una sola mano al aplaudir? El primer objetivo del intelecto es encontrar una respuesta adecuada a la lógica, una respuesta razonable. Como cuando nos proponen unos problemas de lógica o matemáticos. Pero, obviamente, un koan no puede abordarse así. Su objetivo es llevar a la mente más allá de la lógica y el pensamiento dual. Su objetivo es desconcertar a la mente y llegar a comprender que hay cosas y estados que no pertenecen al territorio de la mente, que no son racionales y para los que la mente no tiene respuesta. Se decía que cuando un maestro formulaba un koan, a veces provocaba «la ausencia del pensamiento» y aparecía el estado iluminado. Asimismo era usado por los maestros para detectar el estado de realización de sus discípulos.

Tampoco el ingenio ni la especulación filosófica sirven. Además, la respuesta a un koan pertenece a su «aquí y ahora»; es decir, al momento en el que el maestro pregunta a su discípulo; es decir, a ese maestro, a ese lugar, a ese momento, a ese discípulo, pues si bien el koan puede ser el mismo, nada más es lo mismo. A Hakuin, uno de los más importantes maestros zen de la historia, se le atribuye la creación del koan mencionado de «cuál es el sonido de una sola mano al aplaudir» y de otros tantos igualmente desconcertantes. Él fue uno de los primeros que proporcionó un método a la práctica del zen.

Un día explicó a sus discípulos:

> Hay tres requisitos indispensables para la práctica del zen. El primero es el de una fe enraizada, lo cual significa creer que el ser humano tiene una naturaleza esencial única y que puede alcanzarla. El segundo es disponer de «una gran bola de dudas»; esto se debe a que un hombre debe usar la duda para enfrentarse a los koans y llegar al final de su significado; por último debe ser tenaz en su intención. Estos requisitos son como las tres patas de un caldero, si quitas una el caldero se cae.

En el mundo el odio no cesa con el odio, solo cesa con el amor. Esta es una ley eterna.

BUDA

Prácticas para la paz interior y el sosiego de la mente

Este libro trata de ser práctico, de ser útil, de ser eficaz para usted.

Por eso les propongo aquí algunos ejercicios sencillos que, si los pone en práctica, estoy seguro de que le servirán de enorme ayuda.

Estando dentro de la tradición de enseñanza budista, sin embargo están concebidos para que cualquier persona de cultura occidental pueda llevarlos a cabo dentro, además, de su cotidianeidad. En un primer momento y, para alguien profano en budismo, estas actividades podrán resultarle «poco budistas», ya que no hay que afeitarse la cabeza, pasar largas horas con las piernas cruzadas, hacerse vegetariano o ponerse una túnica, pero le aseguro que funcionan y que le ayudarán a calmar su mente, a encontrar una mayor paz y tranquilidad, a mejorar las relaciones consigo mismo y con los demás y, por qué no, a alcanzar cierto grado de trascendencia.

Como verá, las propuestas son sencillas, pero, efectivamente, muchas veces no resultan fáciles, ya que en cuanto la mente y sus contenidos se consideran violentados, son capaces de producir una enorme cantidad de razones y excusas para no llevar a afecto cualquier cosa que ponga en duda su estatus. Si es así, no se preocupe, es normal. El primer paso del discernimiento consiste en diferenciar lo que le gusta a su mente de lo que es bueno para usted. Y muchas veces no coinciden.

Pero nos ponemos manos a la obra y vamos con la primera propuesta:

Dedique tiempo a no hacer nada

La propuesta es sencillamente no hacer nada. Encontrar un momento y un lugar donde no haya nada que hacer. Hay una excepción, se puede mirar. Lo más cómodo es simplemente asomarse por la ventana o salir a cualquier terraza o parque por donde pase gente, animales, bicicletas, coches… Si puede hacerlo en la naturaleza, mucho mejor. Ahora todo consiste en mirar. Ver cómo pasan las nubes, las personas, los autobuses, las olas del mar, cómo las hojas de los árboles son mecidas por el viento… Al principio las impresiones del exterior se vuelven protagonistas. Pero poco después empieza a aflorar otro tipo de impresiones que esta vez vienen de dentro. No hay que concederles tampoco importancia. Solo hay que mirarlas. Pero este ejercicio no puede convertirse en un ejercicio. Debe manejarse dentro de una libertad absoluta. Solo hay un límite: no hay nada que hacer. Ni siquiera hablar con uno mismo, aunque esto no debe nacer tampoco de un esfuerzo. Únicamente ponga la intención. Tal vez aparezca la sensación de ser un espectador, alguien que naturalmente no participa ni interfiere en el espectáculo que se desarrolla ante sus ojos. Su presencia ni modifica, ni altera nada, ni tampoco tiene tales propósitos. Es solamente un observador, un observador privilegiado, pues está ubicado dentro de la escena en un primer plano, pero exclusivamente como presencia, no como acción. Y esa es la clave.

Al poco tiempo, después de «no hacer nada» empezarán a aflorar ciertos estados interiores relacionados con la presencia cuya exploración —siempre sin hacer nada— puede significar una magnífica aventura. Experiméntelo.

Como hemos señalado ya, la mente necesita actividad, acción. Pero concédase un respiro.

Si además su «no hacer nada» va acompañado también con una intención de relajación, de reposo y cuidado hacia sí mismo, observará en poco tiempo sus beneficios. Obviamente usted debe practicar esta «no actividad» con cierta frecuencia si desea obtener frutos. Sí, ya sé que su mente va a protestar con el argumento de

«la miserable pérdida de tiempo» o la del aburrimiento. Pero le aseguró que no habrá perdido su tiempo; muy al contrario, habrá ganado un tiempo precioso para el encuentro de su paz interior que, poco a poco, irá apareciendo.

Sin embargo, vamos un poco más lejos y la propuesta es...

Explore el modo «no hacer»

Bien sé que este parece un consejo difícil, pero no lo es. También sé que parece un consejo absurdo, pero tampoco lo es.

Observe que en las cosas más importantes para su vida, usted no interviene; no las hace. Por ejemplo, la respiración. Recuerde que incluso cuando está dormido, respira. También sus células se regeneran, sus riñones filtran o su hígado metaboliza sin que usted haga nada. Tampoco usted hace nada para que el sol se levante por la mañana o para que los árboles den su fruto en primavera. Todas esas cosas verdaderamente importantes *ocurren*. Sin embargo, he de confesar que este consejo tiene trampa, ya que en realidad se trata de percibir la inteligencia implícita que subyace en el orden de lo creado. Y para ello es mejor no-hacer o, dicho de otro modo, no intervenir en aquello que ya ocurre y que funciona. El ejemplo obvio es el «funcionamiento del sol», que sale, transita y se pone por el mismo sitio siguiendo una secuencia ordenada. En el movimiento del sol no podemos intervenir, así como en tantas cosas que tienen que ver con el ordenamiento y armonía naturales. Si una persona es capaz de percibir que en la naturaleza hay una inteligencia subyacente, le será más fácil comprender cuándo el *hacer* nace del ego o cuándo el *hacer* nace de fluir con el orden de la existencia. A esto se le llama «actuar naturalmente».

La mayoría de las veces nos enfrentamos a la vida desde una perspectiva competitiva en la que las «armas» son la determinación, la voluntad, el esfuerzo, la planificación y, sobre todo, la consecución de objetivos. También requiere un «carácter fuerte», en constante alerta y con una «postura guerrera» ante los demás. Bien, seguro que todo esto lo conoce y sabe el precio. Un precio que paga en términos de tiempo, energía, estrés y, sobre todo, de proveerse de una «armadura» emocional y de comportamiento acordes al hecho de considerar la vida como una lucha.

Del budismo podemos extraer dos enseñanzas en esta línea. La primera es que un guerrero «pacífico» elige sus batallas y sus enemigos. La segunda, presente en el refranero español, es que dos no pelean si uno no quiere.

En China la conducta «no hacer» se llama *wu wei*. Y se puede asimilar a un experto en artes marciales. Alguien sin conocimientos de lucha, en una pelea gastará energía, fuerza y emociones intensas; un maestro en artes marciales, en el caso remoto de que tuviera que necesitar usar su arte, utilizaría un solo golpe rápido en el lugar y momento propicios que dejaría fuera de combate a su rival. Es decir, una acción directa, con mínimo gasto energético y con ausencia de emoción. Y un resultado rápido y eficaz, con el esfuerzo preciso y correcto. A eso se llama no hacer y esta es la propuesta.

Pruebe a dejar la excitación como fuente de energía. Sustituya la idea de «guerra de cada día» por la paz. Empiece a pensar en ponerse en paz consigo mismo y luego con el mundo.

Y ahora este próximo ejercicio tiene mucha relación con el primero, ya que es una continuidad del mismo. Lo bueno es que esta propuesta puede ponerla en práctica todos los días. Su eficacia es enorme y rápida a la hora de calmar cualquier mente excitada.

Le sugiero que...

Haga las cosas despacio

Un día va a tener veinticuatro horas tenga usted prisa o deje de tenerla. Parece como si alguien nos estuviera apremiando constantemente. Queremos hacer todo deprisa y que todo vaya rápido. Todo lo hacemos rápidamente, esa rapidez nos provoca falta de atención; esta provoca falta de presencia, la cual nos desconecta del aquí y ahora, y esta desconexión, al final, nos provoca daño y sufrimiento, pues la mente nos llevará como un caballo desbocado desde el pasado al futuro y desde el futuro al pasado. Además la prisa nos provoca esa desdicha del estrés, un estrés que está en el origen de muchas enfermedades, ¿merece la pena la prisa? Recuerde, una hora tiene sesenta minutos para los que tienen prisa y para los que no, también.

Le propongo que intente hacerlo todo mucho más despacio. Nuestra mente es la que va deprisa, le gusta la velocidad; así puede pasar rápidamente de un pensamiento a otro, de una experiencia mental a otra. A la mente le gusta estar excitada; la mayoría de las mentes funcionan por excitación y, si no la tienen, la buscan. Si usted empieza a hacer las cosas más despacio verá cómo su mente empieza a reaccionar. Todo vale: ducharse más despacio, comer más despacio, caminar más despacio...

El efecto sobre la condición mental de ir de un lado a otro de modo saltarín y desordenado, es demoledor. Le garantizo que es una actividad con gran poder para entrenar su mente. Le proporcionará claridad de pensamiento, reflexión mesurada, mayor capacidad de atención y más perspectiva. Del mismo modo le ayudará con el dichoso y dañino estrés y, esto es importante, le permitirá disfrutar más de las cosas sencillas que le rodean. A esta práctica puede añadir la de «darse cuenta de que respira». Sí, así de sencillo. Puede tomar dos minutos a cada hora para darse cuenta en ese breve lapso de tiempo de que respira poniendo toda la atención en este hecho. En el primer minuto le propongo que no haga nada salvo respirar. Es decir, párese y simplemente respire relajadamente, dándose cuenta de que lo está haciendo. En el siguiente minuto siga con la atención puesta en el hecho de respirar, pero retornando a la actividad que estuviese haciendo.

Si en su actividad usted no puede parar ni un minuto, realice esta práctica mientras la desarrolla.

Si practica en poner la conciencia del presente en su respiración verá cómo los resultados son rápidos y sumamente beneficiosos en todos los órdenes, y usted mismo ampliará la práctica extendiéndola a lo largo de su jornada mucho más allá de los dos minutos que le propongo. Asimismo, en un tiempo breve observará que podrá realizar cualquier actividad manteniendo la atención en su respiración. Los logros serán la desactivación de la excitación mental, la sensación de que todo el tiempo ahora le pertenece, y la consecución de una gran calma y paz.

Hay peligros en la excesiva locuacidad; el charlatán prefiere la mentira, la calumnia, las palabras duras y ásperas.

BUDA

Explore el silencio

Hay una conexión directa entre mente y palabra. A poco que no seamos demasiado indulgentes con nosotros mismos, una superficial observación de nuestras palabras nos informará de que un porcentaje excesivamente alto de ellas nacen o bien de la improvisación o de la banalidad. Otra gran parte de las palabras que usamos se utilizan para expresar opiniones. Lamentablemente también la mayoría de esas opiniones no están fundadas en informaciones o conocimientos sólidos y su fuente es la ignorancia; por último, muchas palabras son vehículos de juicios que hacemos a situaciones y, lo peor, a otras personas.

Demasiadas palabras significan demasiado ruido mental; demasiado ruido mental significa demasiada confusión. Y una mente confusa es mala consejera y peor compañera en el viaje de la vida. Naturalmente la propuesta reside en que economice palabras, pero, sobre todo, en que sea completamente consciente de lo que dice.

Le propongo que divida sus palabras en cuatro grupos:

a. Las que provienen del mero parloteo, de la tentación de participar en cualquier conversación por mera excitación o de las ganas de volcar opiniones. Las palabras asociadas a lo banal.

b. Las palabras que provienen de las creencias, es decir, del conocimiento prestado, pero que no pertenecen ni a las certezas y a las experiencias.

c. Las palabras que provienen de las certezas, de la opinión formada en el conocimiento consolidado.

d. Las palabras que provienen de la experiencia real o de la sabiduría.

La observación de las palabras parte en principio de saber a qué grupo pertenecen. Sería como un «test de calidad» de palabras.

A continuación llevaríamos a efecto un «test de cantidad» de palabras.

Si nuestras palabras pasan el test de calidad, sobre todo confirmamos que no pertenecen ni al grupo *a* ni al *b;* pasaremos al segundo test de observar la cantidad de palabras. Y siempre es mejor que falten palabras a que sobren.

Le aseguro que esta práctica es realmente eficaz y potente. La conciencia puesta en el aquí y ahora de las palabras es capaz de adiestrar y modificar de un modo profundo una mente y sus contenidos.

A esta práctica añádase cada cierto tiempo un día de silencio. Recuerde que no es bueno ejercer violencia contra uno mismo, así que no sea estricto y, si tiene que hablar algo durante ese día, hágalo.

Hoy no gusta el silencio. De hecho, una de las cosas más «caras», más difíciles de encontrar es el silencio o, al menos, un nivel de silencio razonable. Sabemos que hoy ponen «música» en cualquier parte, incluso en los aparcamientos de grandes centros comerciales. Esto se debe a que se sabe que una mente excitada es más propicia a comprar; con el silencio la mente se calma y una mente calmada suele preferir otro tipo de actividades. Incluso hoy parece que la sociedad ha logrado que mucha gente tenga temor al silencio. Se llega a casa y se pone la televisión o la radio, si se sale a la calle se llevan auriculares o se habla por teléfono.

Con el silencio la mente se inquieta, pero luego «se muestra». Por eso la meditación, como veremos un poco más adelante, utiliza el silencio.

Prácticas para mejorar la relación con uno mismo

Averigüe qué es para usted imprescindible o prescindible y dónde se encuentra su punto de lo suficiente

Vivimos en un mundo que se ha convertido en un inmenso escaparate. La tentación no solo vive ya en el piso de arriba, sino que está siempre a nuestro alrededor y encima vestida con sus mejores y más atractivas galas. La oferta es inmensa y el mundo nos presenta envueltos en papel de regalo los más tentadores objetos físicos, ofreciéndonos en el mismo lote todo un universo de excitaciones sensoriales y emocionales. Desde luego hay que reconocer que la campaña de ventas ha sido realmente genial: nos han hecho creer que lo necesitamos todo, pero, sobre todo, nos han hecho pensar que nunca nada es suficiente. Y nuestra mente se lo ha creído. Obviamente no hablamos de necesidades orgánicas. Nuestro organismo sí es capaz de reconocer lo que necesita y cuándo es suficiente. Incluso la persona con más apetito del mundo tiene un límite al comer, nuestro estómago tiene una capacidad y existen en el cerebro mecanismos que nos indican que estamos saciados. Sin embargo, una mente enferma de «necesidad» nunca encontrará el punto de lo suficiente a la hora de satisfacer deseos.

La clave es que han conseguido lograr que primero deseemos y, sobre todo, que nuestra mente convierta aquello que en realidad no son más que meros deseos, en necesidades. En realidad se trata de un círculo vicioso: los simples deseos los transformamos en necesidades que han de ser satisfechas con urgencia. Para ello dedicamos esfuerzos y recursos. Pero la conquista de dichas necesidades no produce más que una satisfacción momentánea, ya que únicamente son la puerta por la que aparecen nuevas necesidades que otra vez hay que satisfacer, y así hasta el hastío en una rueda que parece no tener fin. Insisto, no se trata de un problema orgánico, sino exclusivamente mental. Tener hambre o sed es algo orgánico y sí representa una auténtica necesidad. Es la mente condicionada, «la loca de la casa», como la llamaba Santa Teresa, la que nos urge a correr frenéticamente detrás de un deseo tras otro y nos engaña convenciéndonos de que *lo necesitamos*.

Pero nos miente. No son *verdaderas* necesidades. Y lo que es peor, la mente no encuentra el punto de lo suficiente.

Veamos un ejemplo: ¿necesitamos un coche? La respuesta es no. Durante siglos las personas han vivido tranquilamente sin necesidad de coches. ¿Es *mejor* en la sociedad actual disponer de un coche? La respuesta evidente es que sí. Sin embargo, entre sí y no, entre blanco y negro, hay mucha gama de grises. Y en esa gama de grises, en algún lugar aparece el momento en que es suficiente.

¿Cuándo un coche cumple los baremos que cubren nuestra necesidad de tener un vehículo propio de transporte? ¿Cuándo es suficiente?

¿Necesitamos tener ropa para vestir? La respuesta es sí.

¿Necesitamos tener armarios llenos de ropa diferente que no nos ponemos? La respuesta es no.

¿Es más útil en el mundo de hoy tener un reloj que no tenerlo? La respuesta es sí.

¿Necesitamos tener un reloj de 2.000 euros? La respuesta es no. La propuesta es relativizar los deseos y aprender a establecer prioridades. Y sobre todo, ser muy conscientes de cuándo la mente nos tiende la trampa de convertir meros deseos en necesidades. Es sencillamente una cuestión de discernimiento; distinguir cuándo es una verdadera necesidad y cuándo es simplemente deseo. Repito, usted debe saber cuándo algo está en el apartado necesidad (incluido el de necesidad social) o es simple deseo. Observe el ejemplo del reloj. Seguro que usted estará de acuerdo conmigo en que hay estupendos relojes de 100 euros —o incluso menos— que cumplen perfectamente la función que debe cumplir un reloj. Le aseguro que es su mente la que desea tener un reloj de 2.000 euros o incluso más. Y si no lo puede conseguir, en función de la potencia del deseo, su mente se excitará y se estresará por lograrlo y, de postre, si no lo logra le proporcionará una buena ración de frustración.

Como hemos dicho, nada es blanco o negro, hay grises. Habrá situaciones en las que pugnen necesidad y deseo, incluso coincidan. Pero hay otras muchas en las que es evidente que únicamente son deseos. E incluso algunos estúpidos.

Otra cuestión está en la gratificación que produce dar cumplimiento a los deseos. En la gratificación de los llamados «caprichos».

Pero esa es otra historia. Aquí únicamente estamos hablando de distinguir entre necesidad y deseo y, sobre todo y fundamentalmente, de conocer nuestro punto de lo suficiente.

Tampoco se trata de entrar en el debate de si una persona que puede permitirse «lo mejor» debe o no debe hacerlo.

Pregúntese, si pudiera conseguir y tener los medios económicos para acceder a ello, ¿únicamente se conformaría con el mejor coche, el mejor restaurante, la mejor casa, la mejor ropa, etc.? Algunas personas contestarían afirmativamente, ¿si puedo conseguirlo todo por qué me he de conformar?

Parece un argumento con cierta lógica, pero tiene un gran fallo: la mente no conoce por sí misma cuándo es suficiente. Está subordinada al deseo y lo convierte en necesidad. De este modo nunca está conforme. Recuerde: el deseo, por sí mismo, no conoce límites. El deseo es el amo; la mente, su esbirro, y usted, el esclavo.

Por último, el nivel más alto de la toma de conciencia entre necesidad y deseo reside en el concepto de libertad y en su ejercicio.

Cuentan que una vez un discípulo preguntó a su maestro qué era la libertad y este contestó que al día siguiente le daría una respuesta.

Por la mañana temprano el maestro llamó al discípulo y le llenó de halagos respecto a lo mucho que había aprendido y evolucionado y en premio le regaló una túnica especial. El discípulo se marchó satisfecho.

Al llegar la hora de la comida y acercarse a recoger su ración, el cocinero le informó de que no le servía la comida porque su maestro así lo había ordenado, pues había informado a todo el mundo de que era un glotón y necesitaba el escarmiento del ayuno.

El discípulo se quedó confuso e irritado y al poco le llamó el encargado de la limpieza para decirle que debía limpiar las letrinas, pues así lo había ordenado el maestro.

El discípulo cumplió la orden a regañadientes, pero realizó la penosa tarea no sin una buena dosis de rabia contenida. En cambio, al llegar a la hora de la cena se encontró con que su maestro había ordenado que le sirviesen una cena especialmente suculenta y sabrosa.

El discípulo pensó que era como recompensa a sus esfuerzos y obediencia, y por ello pidió permiso para verlo. Este le fue concedido, pero cuando se encontró ante él, el maestro, enfurecido, le dedicó toda suerte de insultos diciendo que nunca había visto a nadie que reuniese tantas imperfecciones y defectos como él. Además le exigió que le devolviese la bonita túnica.

El pobre muchacho, asustado, humillado, confundido y con el orgullo herido, se dirigió a su celda. Al cabo de una hora, un monje tocó a su puerta y le informó de que el maestro lo llamaba. Acudió temeroso, pero el maestro lo recibió con abrazos. Le pidió disculpas y le dijo que en desagravio le haría un regalo especial. Dio unas palmadas y de repente apareció una mujer bellísima, con un hermoso cuerpo de formas voluptuosas y semidesnuda.

—Si quieres, es para ti —dijo el maestro. El muchacho ardía en deseos.

El maestro salió en silencio y la mujer le dijo que si lo deseaba sería suya.

El muchacho sabía que aquella situación era muy irregular, pero, por otro lado, era su propio maestro el que le había ofrecido disfrutar del placer del sexo. La muchacha se desnudó y se metió en el lecho mientras alababa la belleza varonil del joven y le prometía momentos inolvidables de sensualidad y sexualidad. En esas cuestiones se debatía el muchacho cuando apareció nuevamente el maestro y como por encanto desapareció la magia de la escena. Mientras la joven recogía su ropa y salía por la puerta, el maestro dijo.

—Me preguntaste qué era la libertad y todo lo que te ha ocurrido desde entonces lo he provocado para ilustrar la respuesta. Te he llenado de halagos y te has envanecido, luego te he censurado y mis críticas te han ofendido, después se ha despertado tu deseo con la muchacha. La libertad es librarse de las cadenas que representan el halago, las críticas y los deseos. Yo te he demostrado cómo a una persona se la puede manejar como a un niño a través del halago o la crítica. ¿Qué libertad puede tener una persona susceptible a esto? Y en cuanto al deseo, este es como un perro, si lo domesticas adecuadamente podrás tenerlo a tu servicio y te será útil; en caso contrario, él te dominará y podrá hasta destruirte.

En cualquier batalla resultan derrotados tanto vencidos como vencedores.

BUDA

No culpe a su cuerpo y cuídelo

Uno de los sentimientos más sorprendentes que comparte el ser humano, especialmente en Occidente, es el de la culpa.

Es muy posible que este hecho se deba a una educación religiosa anclada en siglos de tradición, pero sea ese el motivo o no, lo cierto es que el sentimiento inconcreto de culpa que muchas personas padecen es un auténtico cáncer mental.

Sin embargo, la noticia es: «Usted es responsable, no culpable». Es fundamental saber diferenciar estos dos términos. En el budismo está asumido comúnmente el concepto de *karma*, un concepto que, como hemos explicado, significa literalmente acción. Lógicamente, toda acción genera una reacción, un resultado. Un resultado, un efecto del cual es responsable el que ejecuta la acción. Pero la culpa lleva implícita la idea de castigo y eso no es real. Ciertamente lo es en el mundo de los hombres y sus leyes: el infringir una ley lleva acarreada una pena. Pero en el mundo espiritual lo que existe es la asunción de responsabilidad, el arrepentimiento con la solicitud del perdón y, por último, la rectificación y reparación del daño.

Lo más sorprendente es que ese sentimiento de culpa muchas veces se refiere al cuerpo. Como si el cuerpo fuera el responsable de nuestras infelicidades y causa de nuestras desdichas. Nada más falso.

Debo insistir en algo: su cuerpo es inocente y es urgente que usted se dé cuenta de ello rápidamente y lo declare así.

Si se hace evidente la necesidad de cuidarse, ahora repito la necesidad de olvidar la culpa concebida como estigma indeleble.

Otro pequeño consejo en este punto, pero muy importante: olvídese de la sociedad y de sus presiones sobre «cómo debe ser un cuerpo».

Sí, puede parecer algo banal, pero es fundamental.

Siempre me ha impresionado la extraña relación que solemos tener en Occidente muchas personas con el cuerpo, posiblemente vinculado a ese doloroso complejo de culpa que se le achaca. Mi opinión es que problemas como la anorexia, la vigorexia, la obsesión enfermiza con la belleza o las tallas, o el hecho de pasar por un quirófano sencillamente porque unos pechos han caído como resultado lógico del paso del tiempo, son solo síntomas de una convivencia difícil con el propio cuerpo.

Su cuerpo es como es y es el primer lugar en el que produce la identificación con «aquello que soy».

Su cuerpo está concebido para albergar la vida, una función mucho más importante que la de cumplir unas normas aceptadas socialmente o la de ser apetecible sexualmente. Hoy en día, a través de la cirugía podemos cambiar el cuerpo o disimular los efectos del envejecimiento; podemos ponernos *piercings* o tatuajes, hacer dietas estrictas, desarrollar los músculos en el gimnasio o seguir modas incómodas. Es una elección. Pero la mera observación muestra que muchas de estas cosas llevan implícito dolor y castigo para el cuerpo; todo va a él, todo lo sufre él.

Una vez escuché a un modisto afirmar que la moda lo puede todo y, lamentablemente, cada día se constata que es verdad, y la sociedad lo demuestra ofreciendo su rostro más cruel a la hora de dictar sentencia respecto a los cánones corporales. Pues bien, si uno no escapa de esa esclavitud, tiene muchas posibilidades de hacerse mucho daño a sí mismo. Si observa ese fenómeno llamado moda con cierta frialdad, se dará cuenta de que, amparado en la bonita idea de la estética, en realidad se basa en la frustración causada por la mala imagen que tenemos de nosotros mismos junto a la manipulación del impulso sexual que demanda el mostrarnos apetecibles al sexo contrario.

Este hecho es muy importante. El ser humano, como animal que es, está muy condicionado por los impulsos meramente biológicos, y uno de los más fuertes es el sexo. Prácticamente en todo el reino animal encontramos que los animales más fuertes, más imponentes, los de colores más vistosos o los que son capaces de mostrarse más apetecibles son los que cuentan con mayores garantías de cópula. Se trata de ser deseable. De ser atractivo. Es un impulso muy fuerte.

Bien, esto puede ser algo correcto siempre que uno sea consciente y no esclavo de ello y, sobre todo, que no provoque culpas que envenenan.

Como ya he comentado, la mente no fiscaliza los impulsos, al contrario, cuando puede, los justifica.

Pero cuidado, este consejo de no culpabilizarse no implica el desatender la responsabilidad, muy al contrario. Una cosa es la culpa y otra el asumir responsabilidades. El sentido de la responsabilidad debe ser intrínseco a una conducta madura y consciente. Sin embargo, repito, no debe confundirse el asumir una responsabilidad —sea cual fuese— que envenenarse con la culpa.

Señalemos las diferencias:

— La responsabilidad es activa, pone remedio, lleva implícito el deseo de corrección y mejora, está dispuesta al perdón y a la restitución, y asume el fruto de los actos.

— La culpa es paralizante y envenena, no busca remedio ni concede opción, no perdona ni restituye.

Conociendo estas diferencias, es obvio que la culpa es una enfermedad y que la responsabilidad es su cura. Luego, sencillamente, practique la virtud todo lo que pueda. Al final, la meta es hacerse amigo de su cuerpo; que su cuerpo sea un estrecho colaborador es la búsqueda de su paz interna. Sin él no podrá hacerlo, así que ni lo culpabilice ni lo castigue. Recuerde, su cuerpo es inocente.

Respecto a cuidar la salud, un creyente —al menos la mayoría de ellos— considerará que su cuerpo es un templo sagrado; un ateo o un agnóstico tal vez no comportan esta opinión, pero sin duda saben que el cuerpo es la expresión de la vida y el medio de interacción con el entorno.

Desde ambas perspectivas es evidente que el cuerpo precisa cuidados y atención por muchas razones.

Por desgracia, como ya he dicho desde tiempos remotos, el cuerpo ha sido históricamente víctima de escandalosas calumnias y por diversas causas, que van desde la ignorancia hasta la mala intención, ha sido declarado culpable de demasiadas cosas. Si el primer consejo es que usted declare a su cuerpo inocente; el segundo es que lo cuide amorosamente para que pueda cumplir su función: albergar la vida en las mejores condiciones de potencialidad posibles.

Haga la prueba. El día en que usted sea verdaderamente consciente de la inocencia de su cuerpo habrá logrado un gran avance de crecimiento psicológico, emocional y espiritual. Y a la vez también habrá dado el primer paso para sanarlo.

Después, dedíquele atenciones, cuidados y, sobre todo, no lo haga daño.

Somos especialistas en provocarnos daño, en perjudicarnos a nosotros mismos muchas veces de un modo estúpido. La causa principal de ello es que no tenemos ningún tipo de amistad ni aprecio a nuestro cuerpo. No nos gusta y lo consideramos culpable, a veces sin darnos cuenta, de muchas de las peores cosas que nos ocurren.

Recuerdo la pequeña anécdota de una joven hija de un amigo. Un día regresó a su casa sollozando después de una cita con un muchacho que la gustaba mucho. Su madre averiguó que el chico no la había prestado atención y no la había invitado a salir de nuevo. La muchacha también dijo que eso había ocurrido porque no era lo suficientemente bonita, y a continuación detalló una larga lista de todos los defectos físicos que, a su juicio, tenía. Sin embargo, el padre, que era amigo del padre del chico, supo por este que el muchacho reaccionó así porque se sintió ofendido por unos comentarios de la joven acerca de la religión. Ella, de un modo inconsciente y apresurado, improvisó algunas opiniones despectivas sobre los dioses del panteón hindú considerando su culto como algo anticuado y propio de personas incultas, resultando que el muchacho era profundamente religioso.

Más allá de lo acertado o no de las opiniones de la joven, lo cierto es que a ella nunca se le ocurrió culpar a su mente o a su carácter del fracaso de la salida con su amigo. Lo inmediato, lo fácil, fue culpar a su cuerpo: no era bonita.

Igual que la muchacha de Bombay de la anécdota, siempre lo más fácil es culpar a nuestro físico. Hagan una prueba. Muchas personas serán capaces de reconocer rápidamente que tienen un cuerpo lleno de defectos, sin embargo muy pocos reconocerán que tienen una mente llena de defectos y, sobre todo, prácticamente nunca encontrará a alguien que reconozca que sus creencias son erróneas.

Recuerde una vez más, su cuerpo es inocente y solo desea cumplir lo mejor posible su función: albergar la vida.

Asimismo, el verdadero respeto a uno mismo empieza por el cuerpo y su cuidado. Suele ir de la mano la falta de respeto hacia uno mismo con la falta de cuidados al cuerpo o el someterlo a exigencias que lo llevan al límite. El mejor ejemplo es la ingesta de tóxicos o una alimentación inadecuada. El logro de una paz interior pasa por ponerse en paz con su cuerpo. Además su cuerpo es extremadamente agradecido; a poco que usted se ocupe de él, va a responder devolviéndole bienestar y salud.

✒ *El apego a las propias opiniones es sumamente peligroso.*

BUDA

Cuidado con la importancia personal

¿Se identifica usted mucho con sus propios pensamientos, creencias y opiniones?

Como acabamos de decir, es curioso cómo una persona es capaz de reconocer rápidamente defectos propios de su cuerpo (otra cosa es que le guste); si una persona es miope, tiene el trasero gordo, la nariz grande o es estrecho de pecho, con mayor o menor gusto lo reconocerá. Sin embargo, nadie acepta que sus opiniones y, sobre todo, sus creencias sean cuestionadas o que sean falsas. Y no se da cuenta de que en realidad son fruto de su mente, de sus contenidos y de su actividad.

Obviamente es sano y útil tener creencias y en consecuencia opiniones, pero el problema es el apego o, incluso a veces, el aferramiento a ellas. Es decir, muchas personas se definen según la identificación con sus propios pensamientos, creencias y opiniones.

Se preguntarán qué tiene que ver esto con la importancia personal. La respuesta es que mucho. La importancia personal se cimenta en el ego y este se sustenta sobre todo en las ideas, creencias y opiniones. Un modo de enfrentar su importancia personal es practicando el sentido del humor, especialmente si es usted capaz de reírse de sí mismo. El otro es hacer una lista de las opiniones y creencias a las que está más apegado y declararlas como provisionales. Eso se llama poner la mente en estado de «no sé».

Este ejercicio es enormemente potente. Ante cualquier circunstancia en la que usted no esté completamente seguro respecto a su sistema de creencias, ponga la mente en estado «no sé»; es decir, aborde la situación desde la perspectiva de la ignorancia, desde el enfoque de lo nuevo. Puede experimentar con cualquier opinión u opiniones que tenga arraigadas sobre cualquier aspecto social, religioso, cultural... Da lo mismo, lo importante es que elija las que mejor le parezcan y las contemple desde un estado «no sé», acompañándolo de una indiferencia emocional. La práctica de este estado mental de «no sé», efectuada con sinceridad frente a uno mismo, provoca unos resultados enormemente benéficos que significan una auténtica limpieza mental.

Por otro lado, el sentido del humor está íntimamente ligado a la inteligencia, que no al intelecto. El estado de «humor» en realidad muestra una distorsión de la realidad o, mejor dicho, una mirada distinta a la realidad. Fíjese en las películas de humor o en los chistes; transgreden la realidad y ofrecen una perspectiva diferente que en este caso provocan risa. Y sabemos que la risa proporciona al ser humano grandes beneficios tanto de orden físico como, y esto es lo que nos interesa, de índole mental. La risa coloca a la mente en una posición que «no está a la defensiva» y a un ego alejado de la importancia personal. Son muchas las historias budistas que nos muestran a maestros como auténticos payasos o cuentan anécdotas llenas de humor, a veces hasta absurdo. Todo vale con tal de que la mente se «salte las reglas» y, como digo, el humor es un arma excelente.

Recuerde que todo vale. Le propongo que de vez en cuando vea o vuelva a ver sus películas de humor favoritas, escuche a esos buenos humoristas con sus monólogos, que vea en internet esos vídeos de risa y, si puede, júntese con sus familiares y amigos para simplemente reír.

Si recuerda, cuando era adolescente no le gustaba que se riesen de usted y seguro que temía «hacer el ridículo». Es normal, ya que un adolescente es inmaduro e inseguro. Pero una persona segura de sí misma, madura e inteligente no temerá hacer el ridículo ni le importará demasiado que se rían de él. Sobre todo, porque un sabio sabe reírse de sí mismo y del mundo.

Seguro que todos ustedes recuerdan haber visto imágenes de un Buda rechoncho y sonriente que a veces lleva un saco. Se le llama El Chino Feliz o el Buda Sonriente o, más correctamente, *Hotei* en Japón y *Bu Dai* en China. Fue un excéntrico monje zen, y el recuerdo de su alegría, benevolencia y sentido del humor, lo han convertido en una suerte de deidad propiciatoria de la felicidad, la abundancia y la buena fortuna.

Detrás de una humilde apariencia, una presencia física más bien fea y un carácter mezcla de ingenuidad y locura, se ocultaba una mente iluminada envuelta en amorosidad, benevolencia y sabiduría. Su saco siempre tenía regalos, especialmente para los niños, y él mismo era una fuente de suerte para los demás. No es extraño que su imagen pueda verse a modo de amuleto desde en restaurantes de comida china hasta en templos budistas y sintoístas.

Bu Dai parece siempre estar feliz y lo muestra con su aspecto barrigudo, relajado y risueño. Y desde luego parece carecer de importancia personal.

La próxima vez que vea una imagen suya en cualquier lugar del mundo, acuérdese de él, del viejo monje errante con su saco a la espalda, su barriga y su sonrisa. También recuerde que una mente iluminada carece de importancia personal.

Prácticas para mejorar la relación con los demás

✐ *No frecuentes la compañía de hombres innobles. Busca la compañía de hombres nobles; conserva la compañía de los mejores entre los hombres.*

BUDA

Elija personas benéficas

Una forma de alcanzar el legítimo bienestar que todos necesitamos es intentar rodearse de aquello que nos es benéfico, que nos proporciona paz, tranquilidad y salud. Por ese motivo intentamos comer bien, hacer ejercicio, cuidarnos o descansar; también buscamos comodidad y diversión; es decir, tratamos por todos los medios de rodearnos de escenarios favorables que nos ayuden a poder vivir mejor y a desarrollarnos como personas en todos los ámbitos.

Sin embargo, en muchas ocasiones no actuamos así con las personas que nos rodean. Una vez le preguntaron a Confucio quiénes eran las mejores personas. El sabio respondió que aquellas que nos hacen mejores y que sacan de nosotros lo mejor. Añadió que las peores personas son las que nos hacen peores y son capaces de sacar lo peor que llevamos dentro. Muchas personas han dejado demasiado espacio en sus vidas a ese tipo de individuos que, siendo ellos conscientes o no, les resultan perjudiciales. En cambio, no han puesto en sus vidas a personas que les resulten benéficas y les ayuden a ser mejores.

Pero esta elección de personas debe estar exenta de juicio. No se trata de establecer una frontera entre «buenos y malos», pero sí se trata de ser muy honesto con uno mismo y saber qué es para uno lo mejor y lo peor. Para algunos la leche puede ser un alimento estupendo y saludable y para otros ser una fuente de trastornos digestivos. Cada uno de nosotros es diferente y, por tanto, no reaccionamos de igual modo ante los demás. Aunque tampoco hay que olvidar que hay personas intrínsicamente «benéficas» y otras especialmente conflictivas y difíciles, a las que hoy la psicología ha definido como «tóxicas o nocivas». ¿Y cuál sería el modo de actuar ante este tipo de personas? La respuesta es: de modo compasivo y evitando a la vez que nos hagan daño; entendiendo que es muy difícil actuar de modo compasivo sintiéndose dañado. Asimismo, una acción compasiva hay que entenderla como respetuosa, sin juicio y plena de honestidad, sinceridad y impecabilidad.

Pero tal vez sea más importante aún saber rodearse de personas benéficas cuya presencia y compañía sean garantía de comprensión, tolerancia, bienestar emocional, respeto y bondad. La clave está en la positividad que son capaces de expandir y que nos aporta estados mentales, anímicos y emocionales igualmente positivos. Pero esto no significa confundir positividad con comodidad; es decir, a veces esas personas nos enfrentan a lo que no nos gusta ver de nosotros mismos, lo cual no resulta cómodo, pero siempre estarán presentes en su conducta la benevolencia y el respeto. Un buen ejemplo son «los pequeños budas»: los niños. Es raro no encontrar esa positividad benéfica en los niños que emana de su inocencia. Sin embargo, muchas veces los niños nos ponen en situaciones difíciles que nos llevan al límite. Paciencia, comprensión, generosidad, cuidado o respeto son algunas de las virtudes que su trato requiere. Son pequeños «maestros» que se comportan con tanta naturalidad como sinceridad y que se expresan sin las máscaras del ego. De ahí que la experiencia con niños sea siempre fuente de enseñanzas y de experiencias beneficiosas. Pero no es bueno equivocarse. Una persona «tóxica» no es un maestro o, mejor dicho, no es un maestro que merezca la pena, por la desproporción existente entre el esfuerzo y los costos emocionales y vitales que proporciona una relación con personas de este tipo, y el beneficio de enseñanza y experiencia resultante.

Es también evidente que en todos nosotros hay luces y sombras y que, junto a virtudes, reunimos defectos, pero suele ser bastante fácil identificar a las personas que, para nosotros, son más tóxicas o más benéficas. Las que nos hacen la vida mejor o peor. Y hay que elegir las mejores de la misma forma que optamos por lo mejor en otras áreas de la vida. Es necesario recordar que uno de los pilares de una vida feliz y plena reside en la relación que tengamos con los demás y esas relaciones deben ser eminentemente benéficas y sanas. Y existe otra razón, que usted se lo merece.

Por eso es bueno reflexionar primero y decidir después a quién o quiénes abrimos la puerta de nuestra vida. Una decisión fundamental capaz de marcar el devenir de la existencia en un sentido u otro respecto a la felicidad y la plenitud.

Practique la benevolencia

Seguro que usted tiene alrededor personas a las que ama o, al menos, estima. Este es el escenario idóneo para poner en marcha esta práctica. Y si usted ya es benevolente, seguro que puede serlo aún más.

Benevolencia debemos entenderla como tolerancia, compasión, comprensión, buenas formas, alegría compartida y, en definitiva, con todo ello intentar hacer la vida mejor y más fácil a quienes nos rodean. Y la buena noticia es que además de hermoso, no es difícil. Solo se trata de tomar conciencia en la realidad del presente del amor que se profesa a esas personas que le rodean y, esto es lo más importante, expresarlo en palabras y hechos.

Imagínese por un momento que la benevolencia fuese practicada por un porcentaje amplio de la humanidad de un modo natural. El cambio sería rápido, evidente y profundo. Pero uno solo puede ser responsable de sus propias acciones. Usted puede decidir ser benevolente. Seguro que a lo mejor algunos de ustedes están poniendo la pega o excusa de «yo es que no soy así», «mi carácter es de otro modo», «me cuesta expresarlo»…

Una de las afirmaciones más extrañas que la mentalidad de estos tiempos nos ha ofrecido es precisamente la de dar como real la afirmación de «yo soy así» que lleva aparejada la otra de «no puedo cambiar». A poco que uno sea un poco sincero consigo mismo se dará cuenta de que la segunda afirmación de «no puedo cambiar» debe ser sustituida por la de «no quiero cambiar». Y es su mente la que no quiere cambiar; una mente no quiere cambiar porque le cuesta tiempo y esfuerzo, le es mucho más sencillo seguir con sus hábitos y esquemas. No es cierto que no se pueda cambiar, de hecho usted puede encontrar miles y miles de ejemplos que ilustran la posibilidad de un cambio de mentalidad y un cambio de actitudes. Recuerde que el carácter es fruto del mundo, es hijo de su mente. Es cierto que hay una naturaleza innata, pero no es menos cierto que esa naturaleza innata es susceptible de ser moldeada. Y una forma fácil y hermosa es hacerlo a través de la práctica de la benevolencia. Tiene además la enorme ventaja de que su práctica y su campo de experimentación son las personas amadas.

Una práctica cotidiana a realizar cada día con la persona o personas amadas es decírselo y demostrárselo. Así de fácil. Y es mejor hacerlo de un modo sencillo. Vale un abrazo o un beso en la mejilla. O guiñar un ojo. U ofrecer el postre que le gusta. O sonreír. En el budismo se valora mucho la sonrisa, la expresión de la sonrisa. En la iconografía budista existe el llamado «Buda feliz», del que ya hemos hablado, representado por un orondo y sonriente personaje. Sonreír es fácil, es gratis y es, sobre todo, la expresión más directa de la benevolencia y la forma de decir al otro «estoy bien contigo».

En la benevolencia está también incluida la cortesía, los buenos modales.

Ciertamente la expresión natural de la benevolencia es la cortesía inafectada que si se practica crea un marco idóneo para que la benevolencia y la comprensión aparezcan de un modo más sencillo y natural.

Todos sabemos de la ancestral cortesía de los pueblos de Oriente. Originario de India y extendido en otros países del sureste asiático es el conocido saludo budista *namasté*, que se realiza con el gesto de juntar las palmas de las manos e inclinar la cabeza ante el visitante. Este saludo-gesto significa «saludo a la divinidad que hay en ti». ¿Qué mejor mensaje de benevolencia, cortesía y expresión espiritual puede haber que aceptar la divinidad implícita de tu semejante?

Practique la generosidad compasiva

Quien conoce como yo el poder de compartir no dejaría pasar una sola comida sin compartirla con alguien.

BUDA

El propio Buda fue un renunciante que comía de lo que generosamente las gentes le ponían en su escudilla. Esa fue también durante siglos la conducta de sus monjes, que vivían de la generosidad que hallaban a su paso. Asimismo, la comunidad compartía los escasos bienes que tenían. Sabemos que existe la generosidad que consiste en compartir bienes, la de ayudar a los que lo necesitan, la de repartir la abundancia. Sin embargo, no es menos generoso el que se da a sí mismo, el que se comparte, por medio del amor y la benevolencia, con los demás. La generosidad está íntimamente unida a la compasión, entendida esta como la ausencia de indiferencia ante los padecimientos de los demás. Solo puede ser generoso alguien compasivo.

La limosna entendida como pasaporte o salvoconducto al más allá está en el lado opuesto a la generosidad compasiva. Igualmente la generosidad compasiva está íntimamente ligada a la justicia. Imagine una familia que pasa muchas necesidades y que consigue lo justo para sobrevivir. Imaginen que esa familia pacta que quien no trabaje para llevar el pan a la mesa no comerá. Todos lo consideran justo y aceptan. Imaginen ahora que nace en la familia un niño inválido que no podrá jamás trabajar. Según el pacto no comerá, pues no es capaz de llevar el pan a la mesa. Pero todos sabemos que ocurre en un ambiente en donde crece y está presente la generosidad compasiva. Todos, además de llevar con su trabajo el pan a la mesa común, compartirán la comida con el hijo inválido y llevarán el pan a su boca. Solo la generosidad compasiva es capaz de conducir a una justicia superior. En el otro extremo tenemos el arquetipo de la justicia carente de compasión ni generosidad, encarnada en el usurero Shylock, retratado magistralmente por Shakespeare en *El mercader de Venecia*.

La práctica de la generosidad que emana de la empatía y la compasión nos sitúa ante nosotros mismos y ante los demás en un plano superior de justicia y comprensión que nos ofrece una visión más amplia, más luminosa y más profunda de la realidad circundante. No se ve lo mismo a ras de tierra que desde la cima de una montaña. Shylock representa la mirada miserable y sin horizontes de una aparente justicia carente de compasión. La generosidad sitúa al ser humano en la cima en la que se halla la justicia compasiva.

Pero hay algo más, la generosidad necesita el envoltorio del anonimato y, si este no es posible, precisa el acompañamiento de la indiferencia y la sencillez. Esto se debe a que así la humildad puede asomarse y, tal vez, quedarse y acompañar a la generosidad. Y la presencia de ambas, generosidad compasiva y humildad, en la vida de una persona son dos tesoros inapreciables.

Por tanto, practiquemos el compartir; literalmente «partir con». Todos tenemos cada día la oportunidad cercana y real de hacerlo con quienes nos rodean En la sentencia de Buda nos habla de «el poder de compartir».

¿Se imaginan un mundo en el que la mayoría de las personas practicaran la generosidad compasiva y el compartir, y no estuviera dominado por los *Shylock*?

Sí, la generosidad compasiva tendría el poder de cambiar el mundo, y Buda lo sabía.

Dos prácticas fundamentales

Meditación

El ser humano no puede controlar los avatares de la vida, pero sí puede controlar su mente.

BUDA

La meditación es el pilar básico de la práctica budista. Son muchas y variadas las formas de meditación que la tradición nos ha legado. Sin embargo, hay unos elementos comunes que vamos a detallar, ya que tienen el mismo fin: proveer un marco adecuado para la exploración del sí mismo.

- **Quietud.** La meditación requiere quietud, ya que de este modo se corta la recepción sensorial del movimiento. Se busca una posición cómoda para que se pueda permanecer un tiempo adecuado sin molestias. Se pone la columna vertebral recta con el fin de facilitar la respiración relajada.
- **Silencio.** Con el silencio se busca la interrupción sensorial con el sonido. Asimismo, con el silencio, la mente empieza a reaccionar.
- **Ojos cerrados o semicerrados.** Como en el caso anterior, se busca la interrupción sensorial y la reacción de la mente.

- **Respiración relajada.** Se busca la calma que deriva de la respiración relajada y no agitada. Esta calma es también un excelente sistema para que la mente reaccione. Hay técnicas precisas de respiración que a veces se integran en la meditación, pero vamos a dejar estas formas de respiración, ya que son técnicas avanzadas que requieren experiencia.

Dogen, uno de los más grandes maestros zen, resume de modo magistral el *zazen* o meditación zen:

— Adoptar la postura correcta.
— Regular la respiración (calmada).
— Advertir que surge un pensamiento, observarlo y dejarlo ir.

Cuando hemos dicho que «la mente reaccione» nos estamos refiriendo a que, al no estar la mente excitada por los sentidos, empiezan a surgir pensamientos de todo tipo. Y la clave de la meditación es el tercer punto que nos da Dogen: advertir que surge un pensamiento, observarlo y dejarlo ir. De hecho, los dos consejos anteriores de adoptar la posición correcta y calmar la respiración tienen el objetivo de crear el escenario para esta tercera parte de la meditación que es la fundamental.

Por tanto, el tercer consejo de Dogen se divide a su vez en tres partes.

En la primera se trata de advertir que surge un pensamiento. Es la fase de «darse cuenta». Ahora me doy cuenta de que surge el pensamiento de que tengo que ir al peluquero; ahora me doy cuenta de que viene el recuerdo de mi madre; ahora me doy cuenta de que tengo muchas deudas; ahora me doy cuenta, etc. En la segunda fase no hay que hacer nada más que observar, ser un observador neutro. Ni forzar para que surjan más pensamientos ni evitar que aparezcan. Se trata solamente de verlos pasar al igual que cuando uno está tumbado en el campo y mira pasar las nubes. Se trata solo de mirar, de observar sin implicación ni juicio. Cuando esto ocurre suele producirse la tercera fase, que es la de dejarlos ir. Si uno se apega a esos pensamientos, los juzga o se implica emocionalmente, estos permanecen y a su vez hacen surgir otros nuevos relacionados. Por eso se trata de observarlos sin juicio, como si se ve una película sin vinculación, y así se permite que esos pensamientos se marchen como si se evaporasen.

En el budismo e hinduismo la meditación se llama *vipassana*, que significa visión clara, visión pura y no condicionada. Vipassana es un proceso de autoobservación, pero a su vez es un método de purificación y de experimentación, pues ofrece la posibilidad de verificar por uno mismo lo enseñado por Buda. Se dice que Buda redescubrió la meditación ya practicada por los antiguos, pero olvidada por los bramanes en la época en la que nació. Su práctica requiere quince minutos al día. Al principio no necesita más. Busque la forma de estar a solas consigo mismo, en silencio, en calma y en una postura cómoda. Si usted no puede o no quiere ponerse en la posición clásica de piernas cruzadas en loto o semiloto, no lo haga, puede hacerlo sentado en una silla si le es más cómodo.

Solo es necesario que tenga la espalda recta para que la respiración fluya, y no se acueste, pues se podría dormir y ese no es el objetivo. Inténtelo, es fácil, no le va a perjudicar; al contrario, seguro que le ayudará. Si su mente es causa de sufrimiento y conflicto, no está nada mal por lo menos aprender a observarla primero y a controlarla y modificarla después.

Buda comparó la mente ordinaria no entrenada con un pez al que se le saca del agua. Sus sacudidas, coletazos y brincos son metáfora de una mente que va de un pensamiento a otro sin orden, ofuscada y sin fijeza.

Una propuesta sencilla de meditación consiste en contar las respiraciones. De este modo se logran dos objetivos. Por un lado se consigue una respiración pausada y profunda, con un ritmo preciso y, por otro, la mente queda «utilizada» contando de un modo mecánico, pero poco a poco se va relajando. Puede poner un número de respiraciones, por ejemplo treinta, y luego volver a empezar. Este tipo de meditación contando sirve también para darse cuenta de la fijeza de la atención. Puede ocurrir que deje de contar o que supere la cifra de treinta, si es así, vuelva a retomarlo. Si alcanza un estado de calma mental, entonces quédese en él, si ese estado desaparece porque empieza a ser ocupado por pensamientos, entonces empiece de nuevo a contar.

Como hemos dicho, existen otras formas de meditación. Vamos a detallar ahora un método de atención consciente que tiene gran potencia y eficacia; consta de cuatro partes:

- ATENCIÓN AL CUERPO. Se trata de poner la observación/atención en el cuerpo. Es especialmente útil poner la atención en la respiración. Dado que respiramos de modo automático, se trata de ser conscientes de la respiración. Es sorprendente como algo tan sencillo puede ser tan transformador. De hecho la actividad mental es interrumpida cuando se lleva la atención a la respiración y esta atención es capaz de cambiar estados mentales y emocionales. No es posible un estado de agitación o tensión con la respiración relajada. Una alteración emocional lleva aparejada una alteración respiratoria, por eso los estados emocionales obedecen a la respiración. No lo crea, experiméntelo. En una situación de excitación, si es consciente de tal estado, procure empezar a respirar con calma, relajadamente. En pocos minutos podrá observar cómo su estado de excitación desaparece como por ensalmo. Y repito, experiméntelo.
- ATENCIÓN A LAS SENSACIONES. En este caso se trata de ser muy consciente de la forma en que percibimos a través de los sentidos. El mejor modo de empezar es darse cuenta de lo agradable, de lo desagradable y de lo neutro. Es bueno seleccionar también un sentido concreto como puede ser el tacto o el gusto. Es sorprendente también cómo la ejercitación de esta práctica puede convertir una sensación rutinaria en maravillosa en el ámbito de lo placentero. Desde la degustación de un alimento, el tacto de un bebé o de la pareja o el olor de una flor.

- ATENCIÓN A LA MENTE. Esta práctica trata de observar el «estado de la mente». Si está excitada o tranquila, si hay en ella preocupación o no, si está dando sustento a un estado emocional u otro...
- ATENCIÓN AL MOVIMIENTO DE LA MENTE Y SUS ESTADOS. En esta fase se destaca la importancia de poner atención a los movimientos de la mente. Es decir, cuándo y cómo cambia por ejemplo de un estado de calma a uno de excitación, cómo pasa de un estado de placidez a un estado de irritación o incluso a la cólera, cómo pasa de un estado de paciencia a otro de impaciencia. Se trata de pasar de darse cuenta de «ahora estoy en un estado de calma» o «ahora estoy en un estado de irritación», a darse cuenta del cambio de estado poniendo la atención «al momento» en que se cambia de un estado a otro.

Si usted no está familiarizado con el budismo ni con la práctica de técnicas mentales, es posible que todo esto le resulte difícil, pero le aseguro que no lo es. Se trata solo que desde los patrones culturales de Occidente y su herencia en pensamientos y creencias, estas prácticas parecen extrañas, pero no lo son y además le aseguro que son sumamente eficaces. Asimismo he seleccionado estas prácticas de las «cuatro atenciones», pues son susceptibles de aplicarse en la actividad cotidiana sin necesidad de estar sentados en meditación o retirados del mundo. Son prácticas para la actividad diaria, para el aquí y ahora.

Al ya citado maestro zen Hakuin un día le preguntaron sobre la meditación. Esto es lo que respondió:

El espíritu de la meditación consiste en tener en todo momento un corazón benévolo y compasivo, tanto cuando hablas como cuando escribes, tanto al moverte como al estar quieto, tanto en la alegría como en la desgracia, tanto en la honra como en la vergüenza, en la victoria o derrota, en la ganancia o la pérdida, con razón o sin ella…

En la mente está el origen de todos los estados. Si uno la tiene impura entonces el sufrimiento lo sigue; si es pura, la felicidad lo sigue.

BUDA

Vichara o la indagación del ser

Este es un término perteneciente al hinduismo —concretamente al *advaita*— y podríamos traducirlo aproximadamente como indagación. También está presente en el budismo, pero esta práctica está más cerca del *advaita* y, de cualquier manera, *vichara* es una excepcional forma de abordaje al «yo».

Ya comenté que no es este un libro erudito, así que no nos adentraremos en matices lingüísticos ni filosóficos, pero sí querría proponer al lector esta experiencia de indagación. Una experiencia que, si se hace bien, es tremendamente poderosa. Lo ideal es hacerlo con otra persona que sirva de espejo y que haga las preguntas. Alguien en quien confiar.

En realidad se trata de hacer, o hacerse, una sencilla pregunta.

Imagínese que alguien le cuestiona: «¿Quién eres tú?, háblame de ti».

Lo normal es contestar yo soy fulanito de tal, he nacido en tal o cual sitio, en tal año, soy profesional de tal cosa o tengo tales estudios, etc.

Por favor, compruebe que casi con seguridad usted habría contestado más o menos de modo parecido.

Pero en *vichara* se insiste. Su interlocutor imaginario ahora pregunta: «Está bien, pero ahora dime ¿quién eres tú? Háblame de ti, pero ahora sin apelar a tu biografía».

Este detalle de no apelar a la biografía ofrece al indagador el dilema de discernir si su yo es algo más que el mero acontecer de hechos, más o menos aleatorios, que conforman su biografía.

Muchos llegan en la indagación a la infancia y allí se encuentran en que un bebé recién nacido aún no tiene historia, carece de biografía, pero sí es alguien. Por tanto, la respuesta suele ser afirmativa: «Sí yo soy algo más que mi biografía».

Ahora se repite la pregunta: «¿Quién eres tú? Háblame de ti», y se responde de nuevo.

También entonces, después de una reflexión, la respuesta suele ser muy común. Yo soy un hombre (o una mujer) de tal estatura, con los ojos, piel y pelo de tal color, de una constitución así o asá, etcétera.

Nuevamente en *vichara* se insiste: «¿Quién eres tú? Háblame de ti, pero sin apelar ni a tu biografía ni al organismo temporal que se refleja en el espejo».

Ahora queda al indagador la reflexión de lo efímero de la existencia —lo impermanente en budismo— y la limitación de lo corpóreo. La pregunta surge: ¿yo soy exclusivamente mi cuerpo y sus actividades fisiológicas?, ¿soy yo algo más que mi cuerpo perecedero y corruptible?

Esta respuesta es tremendamente importante. Algunas personas considerarán que son únicamente el resultado de procesos bioquímicos más o menos aleatorios y más o menos complejos, debidos a un azar surgido en un pasado remoto y cuyo fin es sencillamente un resultado igualmente bioquímico y que llamamos muerte. Dicho de otro modo, creen que nuestro origen es la materia y, por tanto, nuestro fin está en la materia.

Sin embargo, otras muchas personas alcanzarán la comprensión de que aquello que define el yo trasciende la materia, aunque no sea posible definir ni explicar dicha trascendencia con los medios con los que contamos habitualmente.

Así, el indagador responde de nuevo dejando de apelar a su biografía ni a su cuerpo orgánico corruptible. Entonces las respuestas suelen ser más complejas e intangibles. Se suele decir: yo soy mis pensamientos, mis emociones, mis sentimientos. O bien se refieren a abstracciones en ocasiones hasta poéticas: yo soy una entidad eterna y universal, yo soy energía en transformación, etc. Pero en *vichara* hay una nueva pregunta: «¿Quién eres tú?, háblame de ti sin apelar a tu biografía, ni a tu organismo temporal que se refleja en el espejo, ni sin apelar tampoco a la mente ni a sus contenidos adquiridos».

Hágase esta pregunta sinceramente, con profundidad y seriedad. ¿Es usted solo su biografía, o sea, la interacción que haya mantenido con la vida?, ¿es usted un mero organismo fruto de un azar bioquímico?, ¿es usted algo que está más allá de los contenidos de su mente, bien sean fantasías, creencias o ideaciones más o menos racionales o poéticas?

Si es así, ¿quién es usted? Obviamente la respuesta no es alcanzable desde la razón. La respuesta solo puede provenir del corazón, de la intuición íntima que nos hace percibir nuestra naturaleza eterna. Hágase ahora la pregunta de si se siente usted eterno o se siente limitado por la breve existencia orgánica. La respuesta no es racional, no puede serlo. Ya sabemos que la razón no trasciende, pertenece al mundo y a él está atada.

Pero si su respuesta íntima, profunda, incondicionada y libre es que su naturaleza real, su Ser verdadero, es eterno, este descubrimiento modificará o habrá ya modificado su vida.

✒ *Mente clara, corazón tierno; eso es todo.*

BUDA

Epílogo

Lecciones de vida

Un día le preguntaron a un anciano budista cómo podría resumir las lecciones que a lo largo de la vida había aprendido. Esta fue su respuesta:

— Que no puedes hacer que nadie te ame, sino dejarte amar.

— Que lo más valioso en la vida no es lo que tenemos, sino a quién tenemos.

— Que una persona rica no es quien tiene más, sino quien necesita menos.

— Que el dinero puede comprar todo menos la felicidad.

— Que quien no valora lo que tiene, algún día se lamentará por haberlo perdido.

— Que quien cultiva el mal, algún día recibirá lo sembrado.

— Que si quieres ser feliz, haz feliz a alguien.

— Que si quieres recibir, da de ti.

— Que es mucho mejor tomarse la vida con alegría, optimismo y positividad, tanto si las cosas van bien como si van mal.

— Que no arruines el presente ni con el pasado ni con el futuro.

— Que debes rodearte de buenas personas y ser una de ellas.

Se cuenta que ese anciano budista era el Dalái Lama. Digo «se cuenta» porque algunos afirman que estas enseñanzas no son suyas y simplemente se le atribuyeron. Sea como fuere, su valor está fuera de duda.

He aquí ahora otras enseñanzas para el día a día de Soyen Shaku, un maestro zen contemporáneo, que él mismo practicó durante toda su vida:

— Por la mañana, según te levantes, medita.
— Acuéstate a una hora fija.
— Come a horas regulares con moderación y sin llegar nunca a saciarte.
— Cuando estés con otros mantén la misma actitud que cuando estés solo; cuando estés solo mantén la misma actitud que cuando estés con otros.
— Pon atención a lo que dices y, digas lo que digas, ponlo en práctica.
— No te lamentes del pasado y mira con optimismo el futuro. Mantén el firme coraje del guerrero y el corazón inocente de un niño.
— Cuando te acuestes, duerme como si fuera la última vez que lo haces; cuando despiertes, sal de la cama rápidamente, como si abandonases un par de zapatillas viejas.

Hemos llegado al final. Si han percibido el aroma puro del budismo y degustado tal vez el néctar de la meditación, y si las enseñanzas del Iluminado les ha permitido reflexionar sobre sí mismos y sobre la vida, este libro habrá cumplido su cometido.

Buda se liberó del sufrimiento y precisamente sobre la libertad les traigo la respuesta de un maestro zen a la pregunta:

— ¿Qué haces con tu libertad?
— Cuando tengo hambre, como; cuando tengo sueño, duermo.

Y hemos cerrado el círculo que nos devuelve a la sencillez, a la simplicidad, a la inocencia pura. El maestro, al igual que el ignorante, cuando tiene hambre come, cuando tiene sueño duerme. La diferencia. Ahora la sabemos. Uno lo hace desde la ignorancia y la esclavitud del deseo; el otro, desde la plenitud de su mente ya liberada.

Anexo

El *Sutra del corazón* es uno de los textos fundamentales del budismo y posiblemente la obra más leída, estudiada y comentada especialmente en la escuela Mahayana. Su brevísima extensión la hacen además un texto que suele ser aprendido de memoria. Su origen es indio, aunque su versión china es muyutilizada en el ámbito zen.

No se atribuye a Buda y su autor es desconocido. Pertenece a la colección de textos llamados *Prajnaparamita* o de Perfección de la sabiduría. El hecho de que termine con un mantra lo vincula, según los especialistas, con el budismo tibetano. Dicho mantra es tal vez el más recitado del budismo.

Sea como fuere, este texto es de una profundidad, sabiduría y *dharma* tremendamente poderosos, y podría ser definido como la esencia escrita del budismo.

El Sutra del corazón

Om, homenaje a la noble y bella perfección de la sabiduría. El noble bodisattva Avalokiteshvara meditaba profundamente en la perfección de la sabiduría. Miró abajo y vio que los cinco *skandhas* que componen la realidad son vacíos y así se liberó del sufrimiento.

¡Oh, Shariputra! La forma es vacío, el vacío es forma; la forma no difiere del vacío, el vacío no difiere de la forma; lo que sea la forma es vacío; lo que sea el vacío es forma. Así también son las sensaciones, las percepciones, los impulsos y la consciencia.

¡Oh, Shariputra! Todos los fenómenos son vacíos. Ni son producidos o destruidos, ni son impuros ni puros, ni son incompletos ni completos.

Así Shariputra, en el vacío no hay forma, ni sensaciones, ni percepciones, ni impulsos, ni consciencia; no hay ojo, oído, nariz, lengua, cuerpo ni mente; no hay formas, sonidos, olores, sabores, tactos ni objetos mentales; no hay consciencia de los sentidos.

No hay ignorancia ni extinción de ella. Ni hay todo lo que procede de la ignorancia; ni vejez, ni muerte, ni extinción de la vejez y la muerte.

No hay sufrimiento, ni su causa, ni su cese, ni sendero de liberación. No hay conocimiento, ni logros, ni falta de ellos.

Así Shariputra, el bodisattva, libre del apego, se apoya en la perfección de la sabiduría, y vive sin velos mentales. Así se libera del miedo con sus causas y alcanza el nirvana.

Todos los Budas del pasado, del presente y del futuro se despiertan a la suprema y perfecta iluminación, apoyándose en la perfección de la sabiduría.

Conoce que *prajñápáramitá,* es el gran mantra, el mantra de gran sabiduría, el mantra más elevado, que jamás ha sido igualado y que extingue todos los sufrimientos.

Escucha la verdad infalible de *prajñápáramitá:*

Gate gate páragate párasamgate bodhi sváhá.

(Ir, ir, ir más lejos, ir más lejos todavía, recita hasta despertar.)

Patrocinio

Esta es la página destinada a ofrecer al lector y a los medios de comunicación, todos los datos e información sobre el patrocinador de este libro.

Puede contener su logo, una breve reseña de su actividad o producto e incluye los contactos web, de correo y telefónico.

Además, el patrocinador figurará en el espacio correspondiente en la contraportada del libro. Este patrocinio figurará en todas las sucesivas ediciones de la obra si éstas se produjeran.

Si desea recibir información sobre el patrocinio de los GuíaBurros puede dirigirse a la web:

www.editatum.com/patrocinio

Autores para la formación

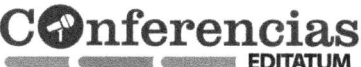
Conferencias
EDITATUM

Editatum y **GuíaBurros** te acercan a tus autores favoritos para ofrecerte el servicio de formación GuíaBurros.

Charlas, conferencias y cursos muy prácticos para eventos y formaciones de tu organización.

Autores de referencia, con buena capacidad de comunicación, sentido del humor y destreza para sorprender al auditorio con prácticos análisis, consejos y enfoques que saben imprimir en cada una de sus ponencias.

Conferencias, charlas y cursos que representan un entretenido proceso de aprendizaje vinculado a las más variadas temáticas y disciplinas, destinadas a satisfacer cualquier inquietud por aprender.

Consulta nuestra amplia propuesta en **www.editatumconferencias.com** y organiza eventos de interés para tus asistentes con los mejores profesionales de cada materia.

Libros para crecer

www.editatum.com

Nuestras colecciones

Guías para todos aquellos que deseen ampliar sus conocimientos sobre asuntos específicos, grandes personajes, épocas, culturas, religiones, etc., ofreciendo al lector una amplia y rica visión de cada una de las temáticas, accesibles a todos los lectores.

Guías para gestionar con éxito un negocio, vender un producto, servicio o causa o emprender. Pautas para dirigir un equipo de trabajo, crear una campaña de marketing o ejercer un estilo adecuado de liderazgo, etc.

Guías para optimizar la tecnología, aprender a escribir un blog de calidad, sacarle el máximo partido a tu móvil. Orientaciones para un buen posicionamiento SEO, para cautivar desde Facebook, Twitter, Instagram, etc.

Guías para crecer. Cómo crear un blog de calidad, conseguir un ascenso o desarrollar tus habilidades de comunicación. Herramientas para mantenerte motivado, enseñarte a decir NO o descubrirte las claves del éxito, etc.

Guías prácticas dirigidas a la salud y el bienestar. Cómo gestionar mejor tu tiempo, aprenderás a desconectar o adelgazar comiendo en la oficina. Estrategias para mantenerte joven, ofrecer tu mejor imagen y preservar tu salud física y mental, etc.

Guías prácticas para la vida doméstica. Consejos para evitar el cyberbulling, crear un huerto urbano o gestionar tus emociones. Orientaciones para decorar reciclando, cocinar para eventos o mantener entretenido a tu hijo, etc.

Guías prácticas dirigidas a todas aquellas actividades que no son trabajo ni tareas domésticas esenciales. Juegos, viajes, en definitiva, hobbies que nos hacen disfrutar de nuestro tiempo libre.

Guías para aprender o perfeccionar nuestra técnica en deportes o actividades físicas escritas por los mejores profesionales de la forma más instructiva y sencilla posible,

Coaching

- ¿Qué es el coaching?
- Tipos de coaching
- En qué consiste un proceso de coaching
- El coach y el coachee
- Código deontológico
- Revisión de conducta ética
- Alianza del coaching
- Principales herramientas para el life coaching
- Preguntas poderosas
- Metodologías para el coaching profesionales
- La PNL como herramienta para el coach
- Cómo convertirte en tu propio coach

GuíaBurros Coaching es una guía con todo lo que necesitas para entrenar y desarrollar tu talento.

+INFO

http://www.coaching.guia-burros.com

Neurocoaching

- El compromiso
- Qué es estar en tu ser
- Qué es esto de la "misión" en vida
- La transformación
- La libertad de ser auténtico
- La gratitud
- Las razones del ser
- Conectando con tu don
- Las conexiones adecuadas
- El principio de correspondencia
- El miedo
- Tu propósito
- El magnetismo
- El pensamiento puro
- La felicidad
- El aprendizaje de vivir con plenitud
- El secreto
- La duda
- El liderazgo activo del ser
- Encuentra a tu maestro interior
- El foco de atención
- Razones científicas para liderar el ser
- Estados de fluidez
- Aprendiendo a ser libre
- Ser consciente
- La conciencia
- La realización interior

GuíaBurros Neurocoaching es una guía básica con todo lo que debes saber para transformar tu vida en 30 días.

+INFO
http://www.neurocoaching.guia-burros.com

Yoga con calor

- Introducción
- La verdadera esencia del yoga
- El yoga que surgió del calor
- En busca de la salud
- Un mono loco
- Estira el alma
- Conecta contigo
- Bibliografía

GuíaBurros Yoga con calor es una guía básica con todo lo que debes saber sobre esta práctica.

+INFO

http://www.yogaconcalor.guia-burros.com

La salud emocional en tu empresa

- ⊙ Premisa
- ⊙ Emprendedores y "emperdedores"
- ⊙ Lo que hemos olvidado
- ⊙ Modelos caducos
- ⊙ Qué debemos cambiar de ayer a hoy
- ⊙ La empresa como organismo vivo
- ⊙ Empresa sana requiere mentes sanas
- ⊙ Unas palabras sobre la mente
- ⊙ Factores de análisis
- ⊙ El valor del grupo
- ⊙ El plano y los materiales
- ⊙ El abordaje de los poblemas
- ⊙ Planificación vs ejecución
- ⊙ El liderazgo real
- ⊙ Competencia y el secreto del vendedor
- ⊙ Olvidadas virtudes
- ⊙ Perder o ganar, ¿qué?

GuíaBurros La salud emocional en tu empresa es una guía básica con todo lo que debes saber para crear un buen clima laboral.

+INFO

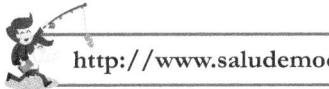

http://www.saludemocionalempresa.guia-burros.com

Música clásica

- **Palestrina,** *una pluma inconfundible*
- **Tomás Luis de Victoria,** *el multimillonario retirado*
- **Purcell,** *todo por unas cervezas*
- **Vivaldi,** *el polifacético*
- **Bach,** *el genio con genio*
- **Haydn,** *música con humor*
- **Mozart,** *un risueño sentimental*
- **Beethoven,** *la superación de un hombre sordo*
- **Rossini,** *desde la cocina del chef*
- **Schubert,** *el esponjita*
- **Mendelssohn,** *de profesión turista*
- **Schumann,** *la avaricia rompe el saco*
- **Wagner,** *el Spielberg de la música clásica*
- **Bruckner,** *el bonachón*
- **Brahms,** *una cata de vinos*
- **Tchaikovsky,** *el incomprendido*
- **Dvorak,** *bohemia en la gran manzana*
- **Albéniz,** *el joven viajero*
- **Mahler,** *un alumno con TDA*
- **Ravel,** *el pintor de los sonidos*
- **Falla,** *el tiquismiquis*
- **Stravinsky,** *¿Ígor Strawhisky?*
- **Shostakovich,** *el futbolista*
- **Márquez,** *la sensualidad hecha música*

GuíaBurros Música clásica es una guía básica para los que aún no saben que les gusta la música clásica

+INFO

http://www.musicaclasica.guia-burros.com

CPSIA information can be obtained
at www.ICGtesting.com
Printed in the USA
LVHW021532131020
668699LV00003B/654